OPINIONS

French for Advanced Level students

Tony Whelpton

(Formerly Principal Lecturer in French, Trent Polytechnic,
Principal Oral Examiner, 'A' Level French, A.E.B.,
Chief Examiner, GCSE French, Southern Examining Group)

Daphne Jenkins

(Formerly French Teacher, Pate's Grammar School, Cheltenham,
Lecturer in French, Gloucestershire College of Arts and Technology,
Senior Assistant Oral Examiner, 'A' Level French, A.E.B.,
Reviser and Senior Examiner, GCSE French, Southern Examining Group)

Longman

Longman Group UK Limited
Longman House, Burnt Mill, Harlow, Essex CM20 2JE, England
and Associated Companies throughout the World.

First published 1989
Seventh impression 1994
ISBN 0 582 02672 5

Set in 10/12pt Times (Linotron)
Produced through Longman Malaysia, GPS

The publisher's policy is to use paper manufactured from
sustainable forests.

Contents

Introduction

Opinions consists of a series of dossiers containing authentic written and spoken material, of a kind which will not only help you to learn to use French in a genuine, up-to-date way but also to learn something about some of the most important aspects of contemporary French society and its principal preoccupations.

Each dossier treats a particular theme, and presents a short general introduction to the subject, a number of items taken from newspapers, magazines, etc., and a number of items recorded on cassette. These may be used either for Reading or Listening Comprehension, for study of usage or as a basis for oral and/or written work.

The recorded items are all extracts from interviews carried out by the authors themselves specifically for *Opinions*, with French people, many of them extremely eminent in their field, who are able to speak authoritatively on the topic concerned. Thus you will find interviews with a former President of the European Parliament, two other former cabinet ministers, two members of the Académie Française, a leading actor of the Comédie Française, an Olympic gold medallist, a world-famous concert pianist, one of France's most popular television personalities, and many more.

The division of life into a series of topics is obviously artificial, and it would have been impossible to say to the people we were interviewing 'in asking you this question we want you to make sure that what you say and the way you say it stays firmly within the bounds of this or that topic'. If we had done that the results would have been much less authentic, much less spontaneous, much less valuable. The consequence is that in some cases what is said appears at times to cross over boundaries, so that, for instance, what started off as a discussion of racism could equally have found a place in the Unit headed *The changing role of women*. But this is authentic: in real life there are no such boundaries, and it is as well to realise that the topics we have chosen to cover are merely convenient labels whose inadequacies are sometimes revealed.

We cannot pretend either that *Opinions* gives a complete picture of contemporary French Society, or that the topics we have chosen are covered in an exhaustive or complete fashion; to do that would have required a work of this size for each of the topics we have covered – and for those we have not covered as well. What it does present is a series of opinions on important aspects of French life today, along with a basis on which such opinions may be formed and expressed. At the same time it will provide you with something to build on if you decide to pursue your study of a particular topic further.

At this stage of language-learning you are involved in a transitional phase between the functional and transactional language you learned for GCSE and the more abstract and more intellectual language you need to learn in order to speak with and read the works of educated French people. Thus the way in which facts and opinions are expressed in the documents presented in *Opinions* is as important as the facts and opinions themselves, and you will find many useful models for you to imitate. Never allow your appreciation of a French person's use of language to remain passive: you should always be on the look-out for modes of expression you can incorporate into the body of language you have already acquired, and *Opinions* aims to help you in this respect.

Reading texts

You will find texts of different lengths, and of different degrees of difficulty. Generally speaking, the questions set are of the type you are likely to find in an 'A' Level or 'AS' Level Reading Comprehension paper; answering some of these questions may involve simply understanding one or two details which are easy to find, but in other cases you may have to search quite hard to find everything you need for a full answer, gathering elements from different parts of the text, and sometimes you may be called upon to draw conclusions on the basis of what is there. In some cases you are asked to translate a section of the text into English: this is in accordance with the pattern set in the 'A' Level Reading Comprehension papers of the Associated Examining Board.

Some of the passages are considerably longer than others; these will give you some of the practice you need in *extensive* as opposed to *intensive* reading, but be sure to supplement this with regular reading of French newspapers and magazines, because we are unable to provide you in a book of this size with enough material to give you all the practice you need in this area.

After each text you will find sections headed *Check List* and *Language to use*. These lists both contain words and expressions which are used in the text concerned. We have deliberately chosen not to give the meanings, gender, etc. of these words. One of the most important things you should be learning to do at this stage is to use a dictionary intelligently, and by 'dictionary' we do not mean a French–English dictionary, but a genuine French dictionary such as *Le Petit Robert* or *Lexis*. If we were to tell you the meaning of the words we have picked out simply in the particular context in which they are used here, we would be robbing you of the opportunity to find out for yourself the various ways in which they are used. Consequently, we advise you to look up every word that appears in the *Check List*, making a note of its gender, what sort of word it is (i.e. verb, noun, adjective, etc.), its most common meaning(s), and its meaning in the particular context. In this way you will build up your own dictionary, and are much more likely to remember the word concerned. You will find some words, however, which do not appear in the dictionary, and here you will have to use a little ingenuity; these are usually newly-invented words, or words invented specifically for use in this passage. What you should do here is look at the various elements of the word and work out the meaning from that. Let us take the example of the word *starophage*, which appears in one of the texts; this does not appear in *Robert*, but the word *star* does. You can then look up *phage*, and find that it is a suffix which can be added to a good many words, and from that point it should be a relatively straightforward matter to find out what the writer really intended. The expressions listed under *Language to use* should also be checked out, but the objective here is for them rapidly to become part of your *active* as opposed to your *passive* store of language, because they are the kinds of expression you are likely to need when either writing or speaking about the topics you are studying. You should therefore make a deliberate effort to use these expressions as much as possible, so as to assimilate them fully.

A further note about the reading texts: when you are reading newspapers or magazines, always be on the look-out for misprints, which occur just as frequently in French newspapers as in their English counterparts. Since we are using authentic texts, you may very well find some misprints here as well!

Listening passages

You will find the same kind of *Check List* and *Language to use* sections as with the Reading texts, and they are to be treated in the same way. You will also find fairly orthodox Listening Comprehension questions, but with some passages you are merely asked to consider or discuss the points raised by the speaker; in these cases it is often both instructive and interesting to listen to other passages dealing with the same topic, and to compare and contrast the different opinions expressed. In answering the same question, i.e. whether in their view the French are racist, Simone Veil, Françoise Giroud and Jacques Leibowitch gave totally different answers, and in such a case as this the collective consideration of these views offers you more than the consideration of one answer alone. The exploitation of these recordings is almost limitless; they can be used as a basis for a classroom discussion or debate, or you might try constructing a contrary argument, either in writing or in speech; they can be used as a source for the acquisition of new language patterns, or as a vehicle for the study of the registers of language used in different contexts.

In all cases, however, it is worthwhile looking carefully at the way these people speak. They are nearly all people who are accustomed to speaking 'off the cuff' in public and to choosing their words carefully. More than this, they are people who are thinking as they speak of what they are to say next, and as a result what they are saying sometimes gets muddled. This represents for you both a challenge and a degree of reassurance. It is a challenge because you sometimes have to unravel what they say: you might, for instance, find that what they say does not make sense. Closer inspection will show that they changed their mind about what to say, or they forgot the construction they started using and finished up by using another, or else they inserted another thought in the middle of something they were saying (unfortunately, there is no equivalent in speech of brackets to indicate parenthesis) and only returned to the original point half a minute later. It should be reassuring too because you will find that these eminent persons actually make mistakes! Among other things you will hear the occasional wrong gender or wrong agreement. But that does not mean they do not know what the rules are, or what gender a particular word is; they are doing what we all do: when our mind is momentarily on something else we are not always fully in control of the words that we utter or the way in which we utter them.

Speaking exercises

Obviously both Reading texts and Listening passages provide ample stimuli both for intensive oral work and for extensive discussion, but the work designated as *Speaking exercises* is of the kind used by the Associated Examining Board in the first part of their 'A' and 'AS' Level oral examination, with a written and/or visual stimulus which is used as a vehicle for discussion. At first sight it looks a little like a reading comprehension whose questions are to be answered in French, but the specific questions on the content of the stimulus material are only a preliminary introduction to the main task, which is a discussion of the issues raised by the stimulus.

Writing

There remains the matter of writing. We have not sought to provide exercises or passages for translation into French, because to make room for them we should have been obliged to sacrifice something much more valuable. We have suggested a number of topics for discussion, and obviously these could also provide a basis for written work, either in the form of summaries, orthodox essays, or dialogues expressing contrary points of view.

Any publication which tries to deal with contemporary matters tends to go out of date very quickly; for that reason we have tried to concentrate our attention on the fundamental aspects of each topic, the matters which do not change greatly with the years. Inevitably, from time to time, allusion is made to something which took place in, say, 1986 or 1987, and where necessary a note has been added to ensure that students using *Opinions* in the 1990s will not be totally mystified by such allusions. Where all the topics are concerned, it is important for students to try and establish whether the facts which are presented therein, as distinct from the opinions arising from those facts, are still true at the time they are reading them.

Finally, we would like to express our sincere thanks to all those we interviewed: Mesdames Françoise Giroud, Viviane Gransart, Christine Ockrent, Cécile Ousset, Yvette Roudy, Simone Veil, Messieurs Jean-François Bach, Philippe Bidaine, Emmanuel Bijon, Yves Chenel,

Jean-Louis Curtis, Alain Decaux, Jean-Loup Dherse, Simon Eine, Jacques Leibowitch, Yves Paccalet, René Piquet, Pierre Quinon and Thierry Robert, not forgetting the anonymous old lady whom we were fortunate enough to interview at the Arc de Triomphe on Armistice Day 1987. Without the willing, generous, and without exception good-natured collaboration of all these people, it would not have been possible to produce this book, for it is essentially *their* opinions which serve to justify our choice of title. We are also much indebted to Madame Isabelle Parry Crooke for her invaluable help.

TONY WHELPTON

DAPHNE JENKINS

UNIT 1
Family life and the changing role of women

Comme dans beaucoup d'autres pays, l'unité familiale en France semble menacée par des attitudes et des modes de vie nouveaux.

Depuis dix ans, le nombre annuel des mariages a diminué de plus de 100 000 et le nombre des divorces a augmenté tout comme le nombre de couples qui cohabitent sans se marier. Il n'est donc pas étonnant qu'un enfant sur cinq soit né hors du mariage et que beaucoup d'enfants soient élevés par un parent seul.

Malgré les efforts du gouvernement pour encourager les naissances, la natalité n'est pas assez élevée pour maintenir la population française à 55,3 millions. Pour ce faire il faudrait que chaque femme en âge d'avoir des enfants ait en moyenne 2,1 enfants tandis qu'elle n'a en réalité que 1,82 enfants.

Les causes des attitudes changeantes envers l'unité familiale sont très compliquées. Il faut se rappeler que la durée moyenne d'un couple au dix-huitième siècle était de dix-sept ans et qu'elle est aujourd'hui de quarante-sept ans; que les déplacements de la vie moderne séparent les familles et mènent à l'isolement de la famille nucléaire, mais il faut surtout se rappeler que l'image sociale de la femme a plus changé en vingt ans qu'au cours des vingt siècles précédents.

Voici quelques-unes des lois qui ont aidé la nouvelle libération de la femme:

1965 la suppression de la tutelle du mari
1967 la légalisation de la contraception
1970 le partage de l'autorité parentale
1975 la légalisation de l'avortement
1983 la loi sur l'égalité professionnelle
1985 la possibilité d'administrer conjointement les biens familiaux.

Si les Françaises ont aujourd'hui les mêmes droits que les Français elles occupent moins de postes importants dans l'industrie et dans l'Etat. C'est parce que les attitudes changent moins vite que le droit.

Les attitudes changent pourtant peu à peu. Pour qu'une femme profite de sa nouvelle liberté, il faut que son mari l'aide à la maison et dans l'éducation des enfants. Le père moderne occupe souvent une place beaucoup plus grande dans la vie de ses enfants que ne l'avait son père à lui. Si les jeunes ont toujours beaucoup de problèmes, les conflits des générations ne sont plus à l'ordre du jour.

C'est peut-être que le cœur n'a pas changé comme les conditions de vie et que les hommes et les femmes continuent à rechercher le bonheur et l'amour dans le couple et dans son prolongement naturel, la famille. La famille ne change de forme que pour s'adapter à son époque.

Reading

Read this passage about an American couple, then answer the questions which follow.

Mariage bis pour un certificat disparu

Kenneth et Berniece McNewn ont dû se remarier car la Sécurité sociale ne croyait pas qu'ils étaient mari et femme depuis quarante ans.

Mrs McNewn, cinquante-huit ans, a relaté que son mari et elle avaient en effet constaté récemment qu'il leur était impossible de prouver qu'ils avaient convolé en justes noces, en 1946, à Cronn Point (Indiana). Son mari, âgé de soixante-huit ans, était sur le point de prendre sa retraite et avait besoin de fournir une pièce attestant de leur mariage, afin d'obtenir la liquidation de sa pension.

Ils se rendirent dans l'Indiana, afin de chercher un certificat de mariage en redisant «oui» devant l'officier d'Etat-civil de Milwaukee, en présence de leur huit enfants et dix-neuf petits-enfants.

Check list

convoler en justes noces
prendre sa retraite
fournir une pièce
liquidation
officier d'Etat-civil

Language to use

constater
afin de
s'apercevoir

1 To whom, and for what purpose, did the McNewns need to produce a marriage certificate?
2 Why were they unable to obtain a certificate proving their marriage?
3 What personal details are we given about Kenneth and Berniece McNewn?

Reading 2

Read this passage about a new television series dealing with family life, then answer the questions which follow.

Des scènes de ménage à la télévision

Quand vous vous disputez avec votre conjoint, avez-vous l'idée de convoquer la télévision pour filmer cette scène ? Non, bien sûr. L'idée n'est pourtant pas si absurde que cela. La preuve : Joe et Harry Ganz ont réalisé pour la chaîne anglaise « Channel Four » un reportage sur les scènes de ménage, qu'André Campana proposera le 11 avril à 21 h 30 sur FR3 dans son magazine « Vendredi ». Ces deux reporters de San Francisco ont trouvé plusieurs volontaires qui ont accepté de « jouer le jeu ». Ils téléphonaient à l'équipe (nuit et jour !) dès qu'une dispute se préparait. Une caméra était alors installée dans la demi-heure suivante pour « saisir la querelle sur le vif ». Après visionnage des films, cinq couples ont accepté que leur vie conjugale soit jetée aux téléspectateurs. Pour l'un d'eux, l'expérience a été particulièrement positive : le mari, alcoolique violent, a été tellement choqué de voir les séquences où il insulte sa femme et son fils, qu'il a décidé de suivre une cure de désintoxication. ■

Check list

scène de ménage
conjoint
réaliser
sur le vif
vie conjugale
cure de désintoxication

Language to use

pourtant
La preuve:
dès que

1 What is the theme of the programmes Joe and Harry Ganz and André Campana are doing for television?
2 How did they obtain the material for their programmes?
3 What was the beneficial result of one of their programmes?

Reading 3

Read this passage about the problems of naming a child, then answer the questions which follow.

Jugés pour avoir appelé leur fille « Prune »

Prénommer sa fille Prune et surtout persévérer dans sa résolution, malgré l'avis contraire de l'autorité judiciaire, constitue un acte répréhensible, qui a conduit un couple de Tavaux (Jura) devant le tribunal correctionnel de Dole (Jura).

L'affaire a été plaidée il y a deux semaines et le jugement, mis en délibéré, sera rendu dans les prochains jours.

Lorsque la petite sœur d'Amandine vient au monde le matin du 19 septembre dernier, son père, Marc Borneck (un apiculteur), se présente au service de l'état civil de Dole pour dévoiler le prénom choisi : **Prune**. L'employé municipal, surpris, alerte alors le procureur, comme le prescrit la loi dans les cas litigieux. M. Gestermann refuse Prune mais accepte les deuxième et troisième prénoms : Mae et Kim.

Cependant, trois jours plus tard, les services de l'état civil enregistrent le prénom controversé. **Le procureur, qui n'a pas été averti, décide de poursuivre le différend en justice.**

Les parents de la fillette, persuadés de leur bon droit et décidés à faire appel si le jugement leur était contraire, soulignent que l'I.N.S.E.E. a répertorié dans l'Hexagone plusieurs « Prune », prénom qui figure dans un calendrier républicain, une des « références » avec la Bible et les personnages historiques.

Check list

autorité judiciaire
tribunal correctionnel
plaider une affaire
mettre en délibéré
venir au monde
dévoiler
procureur
prescrire
cas litigieux
différend
I.N.S.E.E.
Hexagone
calendrier républicain

Language to use

avis contraire
dans les prochains jours
poursuivre en justice

1 For what reason were the couple brought before the magistrates?
2 Why has judgement not yet been given?
3 How does Monsieur Bornack earn his living?
4 Who decided to take the couple to court and what sparked off his decision?
5 How did the couple justify their action?

Reading 4

Read the passage opposite about the birth rate in France, then answer the questions which follow.

Check list

bémol
affronter la compétition
taux de fécondité
a fortiori
dénatalité
convenances

Language to use

en hausse
contrairement à
à la fois
en réalité

1 For what might the increased birth rate in France be considered a consolation?
2 How is the birth rate calculated?
3 Why is the birth rate still not high enough?
4 Why was the lowering of the birth rate in the sixties not surprising?
5 What *is* surprising in view of the rising birth rate?
6 Translate the paragraph beginning 'Cette hausse . . .'.

Fécondité : la France en tête

● *par André Burguière*

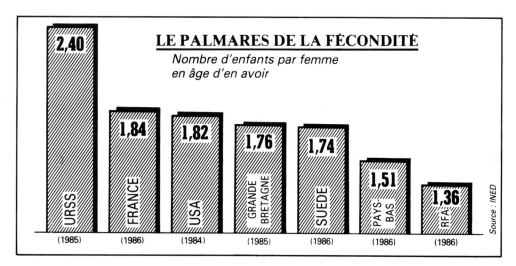

LE PALMARES DE LA FÉCONDITÉ

*Nombre d'enfants par femme
en âge d'en avoir*

2,40 — URSS (1985)
1,84 — FRANCE (1986)
1,82 — USA (1984)
1,76 — GRANDE BRETAGNE (1985)
1,74 — SUEDE (1986)
1,51 — PAYS BAS (1986)
1,36 — RFA (1986)

Source : INED

L e rapport annuel sur la population que vient de publier l'Institut national d'Etudes démographiques va-t-il introduire un bémol dans le débat sur le déclin de la France ? Les Français désertent peut-être les secteurs de la création intellectuelle et artistique ; leurs industries montrent de moins en moins d'ardeur à affronter la compétition internationale, mais ils se remettent à faire des enfants.

Pour la troisième année consécutive, les naissances sont en hausse dans notre pays — 11 000 de plus en 1986. Le taux de fécondité (nombre moyen de naissances par femme en âge d'enfanter) est passé de 1,82 à 1,84 en 1986. Une hausse encore bien modeste puisque la fécondité ne retrouve ni son niveau de 1980 et 1981 (les deux meilleures années de notre natalité depuis l'arrêt de la décrue, en 1975) ni, a fortiori, le niveau qui assurerait le renouvellement des générations (un peu plus de deux naissances par femme en âge de fertilité).

Cette hausse est pourtant remarquable si on la compare aux scores de nos voisins européens. Contrairement à ce que veulent nous faire croire nos populationnistes exaltés, la dénatalité que la France a connue à partir du milieu des années 60 n'avait rien d'exceptionnel. Ce reflux, après le baby boom de l'aprèsguerre, affectait toute l'Europe occidentale, et plus ou moins l'ensemble du monde industrialisé. Malgré une chute importante de sa fécondité, la France restait, au début des années 80, dans le peloton le moins déprimé (en gros, les pays méditerranéens) de l'Europe occidentale : elle est, depuis cette année, au deuxième rang des pays de l'Europe occidentale, loin derrière l'Irlande mais loin également devant l'Espagne et l'Italie.

Le plus étonnant, c'est que la France est à la fois un des pays européens les plus féconds et un de ceux où l'on se marie le moins. Il y a eu 266 000 mariages en 1986, alors qu'il y en aurait eu 420 000 si toute la génération en âge de se marier l'avait fait. Entre le respect des convenances et la natalité, les Français semblent avoir fait leur choix : les seules naissances qui augmentent en réalité sont les naissances *hors mariage*. Elles ont doublé entre 1979 et 1985 et représentent aujourd'hui 20 % du total des naissances.

Reading 5

Read the passage opposite about family pets, then answer the questions which follow.

Check list	*Language to use*
gent animale	une sur deux
répartition socio-professionnelle	prendre en compte
artisan	à eux seuls
cadre moyen	
cadre supérieur	
exploitant agricole	
important	
citadin	
en plein essor	
au chapitre des soins	

1 What pets are mentioned apart from dogs and cats?
2 Which kind of executives keep the most pets?
3 How many more dogs are kept in France than in Britain and West Germany?
4 What has the survey carried out by the veterinary services of the Paris Prefecture of Police shown?
5 In what way and compared with whom are French dogs shown to be privileged?
6 What difference has the rise in the standard of living made to the eating habits of pets?
7 What other services are provided for their physical well-being?
8 What kind of pet insurance is available?
9 What costs does this insurance cover?
10 Translate the sixth paragraph (beginning 'Ces indications . . .') as far as 'l'an dernier'.

Une famille française sur deux possède un animal familier

Les Français sont de grands amis des animaux : 52 % des familles – plus d'une sur deux – possèdent un ou plusieurs animaux familiers. Ainsi sur les 9 millions de foyers où vivent des représentants de la gent animale, près de 34 % ont au moins un chien, 21 % au moins un chat, 12 % au moins un oiseau, et 8 % un autre animal (rongeur, poisson, etc.)

Si l'on observe la répartition socio-professionnelle, on s'aperçoit que 54,2 % des artisans et 43,8 % des ouvriers élèvent un animal familier. Ces deux catégories arrivent donc en tête suivies de près par les cadres moyens (42 % de possesseurs), les cadres supérieurs (40 %) et les inactifs (34 %). Les exploitants agricoles ne sont pas pris en compte dans ces statistiques.

Parmi tous les autres pays d'Europe, c'est d'ailleurs en France que la population des animaux familiers est estimée la plus nombreuse. Sur notre territoire, on évalue actuellement à 8,2 millions le nombre de chiens (5,2 millions en Grande-Bretagne et 3,3 en Allemagne de l'Ouest), 6 millions de chats (4,3 millions en Grande-Bretagne et 2,7 en Allemagne), et celui des oiseaux à 6,5 millions (3,2 en Grande-Bretagne et 4,7 en Allemagne).

400.000 chiens et chats à Paris

C'est dans nos campagnes que la population animale est la plus importante : on compte 250 chiens pout 1.000 habitants en milieu rural contre 40 pour 1.000 dans les grandes villes. Les citadins, cependant, semblent de plus en plus apprécier la compagnie d'un animal : selon une étude des services vétérinaires de la Préfecture de Police de Paris, la population canine et féline s'élèverait à environ 400.000 têtes dans la région parisienne.

Les animaux familiers français sont bien nourris. Les 14 millions de chats et de chiens qu'abrite aujourd'hui notre pays absorbent plus d'un million de tonnes de nourriture par an. A eux seuls, les chiens français mangent plus que la population de pays tels que la Bulgarie ou le Portugal.

Ces indications, fournies par le Centre de documentation et d'information de l'assurance (C.D.I.A.), démontrent que ce sont les animaux domestiques qui, chez nous comme dans les autres pays industrialisés, ont le plus bénéficié de l'amélioration du niveau de vie. Aujourd'hui, des fournisseurs spécialisés, industriels dont le marché est en pleine expansion, s'occupent de nourrir et soigner nos « chères petites bêtes ». Le chiffre d'affaires des spécialistes de l'alimentation pour animaux (appartenant à la Chambre syndicale des fabricants d'aliments pour chiens, chats et oiseaux) a atteint 1 milliard de francs l'an dernier. La production est passée de 21.000 tonnes en 1965 à 278.000 tonnes en 1978. Le marché des accessoires, en plein essor lui aussi, représente déjà plus de 200 millions de francs.

Un régime de Sécurité sociale

Au chapitre des soins, la visite médicale annuelle et le « réflexe du vétérinaire » pour les petits maux de tous les jours entrent peu à peu dans les mœurs. L'hygiène a fait, en quelques années, un bond considérable : quelque 400 instituts de beauté pour chiens et chats sont actuellement ouverts en France.

De nombreuses organisations de défense ou de protection des animaux réclament même pour nos 14 millions d'amis, la création d'un véritable régime de « sécurité sociale ».

En attendant qu'un tel système soit mis en place, les propriétaires de chats et de chiens ont la possibilité de couvrir les risques de maladie ou d'accident de leurs protégés en souscrivant une assurance. Tous les chats et tous les chiens, quels que soient leur race et leur sexe, peuvent être ainsi garantis. L'assurance couvre tout ou partie des frais de consultation vétérinaire, d'intervention chirurgicale, d'hospitalisation.

Speaking

Study the results of this opinion poll about attitudes towards parental roles, answer the specific questions which are asked, and prepare to discuss the issues which are also raised.

1 Combien des cent hommes interrogés
   (a) ne se lèvent jamais la nuit pour consoler leurs enfants?
   (b) se promènent rarement avec leurs enfants?
2 Quelles sont les tâches que les pères font
   (a) très rarement? (b) très souvent?
3 Que veut dire 'donner le biberon'?
4 Y a-t-il des réponses qui vous étonnent? (Lesquelles? Pourquoi?)
5 Quelle indication trouvez-vous dans ces réponses que les idées qu'on a sur les rôles des parents ne changent pas beaucoup?
6 Quelle indication trouvez-vous que les attitudes des parents ont beaucoup changé?
7 Approuvez-vous ou non ces changements? Pourquoi?
8 Selon vous, est-ce que ce sondage aurait provoqué les mêmes réponses en Angleterre?

quel type de père êtes-vous ?

| Pour chacune des tâches suivantes, dites si vous l'accomplissez (ou si vous l'avez accomplie) seul, sans l'aide de votre femme*. | | | | Pour chacune de ces tâches, dites si, d'après vous, c'est plutôt à la mère, plutôt au père, ou autant au père qu'à la mère de l'accomplir*. | | |

Jamais	Rarement	Souvent et très souvent		Plutôt à la mère	Plutôt au père	Autant au père qu'à la mère
10	28	62	Donner le biberon	28	—	71
21	32	47	Donner le bain	31	1	68
15	33	52	Le changer	30	1	69
21	34	44	L'emmener chez le médecin	14	2	84
10	27	61	Le consoler quand il pleure la nuit	12	1	86
5	19	73	Le gronder quand il fait une bêtise	2	12	85
19	15	44	L'aider à faire ses devoirs	6	4	86
22	25	35	Parler avec le maître ou la maîtresse	9	4	83
30	21	32	Assister aux réunions de parents d'élèves	9	4	83
14	33	53	Lui faire à manger	29	2	69
36	35	29	Lui acheter des vêtements	34	2	63
1	7	91	Jouer avec lui	2	5	93
9	15	67	Regarder la télé avec lui	2	3	92
49	19	18	Lui préparer sa valise quand il part en vacances	38	2	56
4	13	82	L'emmener se promener	4	4	92
16	15	52	Le faire lire	8	1	88
8	27	63	S'occuper de lui quand il est malade	13	1	86
7	18	74	Lui acheter des cadeaux	4	2	93
18	19	46	Faire du sport avec lui	3	17	75
2	5	87	Parler avec lui	2	2	95
20	28	37	L'emmener au spectacle	4	2	91
10	19	53	Etre son confident	7	2	87

*Chaque total égale 100. La différence représente le taux de ceux qui ne se prononcent pas.
Sondage réalisé par l'institut Louis Harris du 20 au 31 mars 1987, auprès d'un échantillon national de 517 personnes représentatives des pères d'enfants de 11 ans et moins. Méthode des quotas.

Sujets à discuter

Le pour et le contre du mariage et de l'union libre.

La famille va-t-elle continuer à jouer un rôle important dans la société?

Expliquez la faible participation des femmes aux affaires publiques.

L'émancipation de la femme: réalité ou fiction?

'De nouveau les couples français semblent ne pas désirer plus de deux enfants.' Discutez.

Further vocabulary

les aïeux (m)	les époux (m)
les aïeuls (m)	la famille nucléaire
un air de famille	une famille nombreuse
un arbre généalogique	les fêtes familiales
l'avortement (m)	le foyer
le bonheur conjugal	la marraine
la brebis galeuse	matriarcal
le chef de famille	la matrone
cohabiter	un ménage
la cohabitation	les noces d'argent
se désagréger	les noces d'or
les droits (m)	le parrain
l'égalité (f)	le patriarche
l'émancipation (f)	patriarcal
enceinte (f)	les pénates (m)
un enfant gâté	la vie de famille

Listening 1

Listen to CHRISTINE OCKRENT talking about family life and discuss her opinions.

Check list

cellule
vieillissement
ancré
urbanisation
distendre
s'accroître

Language to use

au cours de . . .
au sens large
en revanche

Listening 2

Listen to FRANÇOISE GIROUD talking about marriage and the family. Compare her ideas with those expressed by Christine Ockrent. What are her views about couples living together without being married?

Check list

phénomène
sondage
créer
se rompre
lié
juger nécessaire de

Language to use

Je ne saurais pas vous le dire
en même temps
Je ne crois pas que ce soit …
là-dessus
là-dedans

Listening 3

Listen to JACQUES LEIBOWITCH talking about the problems of marriage and cohabitation. What does he see as the main problem of a single, life-long marriage? Does he see cohabitation as a solution to the problems of marriage?

Check list

état de fait
monogamie, monogamique
émotionnel
au long cours
séculaire
millénaire
entre guillemets
union libre
panacée
douleur, douloureux
affectif

Language to use

à l'inverse de
par conséquent
on pourrait dire

Listening 4

Listen to **FRANÇOISE GIROUD** talking about the work load of men and women. Do you agree with her views on women's attitude to work?

Check list	*Language to use*
hurler	ce n'est pas juste
faire confiance	il y a beaucoup de raisons à ça
incomber	ce n'est pas vrai
déposséder	ce n'est pas si clair
partage	il se peut que ...
se modifier	petit à petit
tendre	
retour en arrière	

SIMONE VEIL

Simone Veil est en même temps mère, grand-mère et l'une des femmes politiques les plus brillantes et les plus admirées de France. On dit que c'est la seule femme susceptible d'être Présidente de la République, si jamais les Français optaient pour une femme présidente.

Parmi les nombreux postes qu'elle a occupés pendant ces trente dernières années on compte celui du Ministre de la Santé de 1974 à 1978 (c'est elle qui fit voter la Loi sur l'Avortement en 1974), celui de Présidente du Parlement européen en 1979 ou encore celui de Présidente du Groupe Libéral au Parlement européen. Elle peut donc à juste titre parler de l'Europe, du rôle des femmes et de tous les problèmes actuels.

Listening 5

Listen to what **SIMONE VEIL** has to say about the status of women in society and then answer the questions.

1 What does Simone Veil say to suggest that she is well qualified to talk about the changing role of women?

2 What does she say about the position of women in Britain?
3 Why does she think women are moving ahead quickly in the developing countries?
4 How much blame does Simone Veil attribute to men for the position of women?
5 What, apart from the attitude of men, used to prevent women from improving their position, and what prevents them now?
6 Why did Simone Veil recently refuse to make a speech?
7 What was the reaction of the man who asked her to make the speech?
8 What does she think men in general have failed to realise?

Check list

répartition
homogène
décalage
s'accrocher
carrière
disponible
débat
marginaliser
culot
plénitude

Language to use

dans la mesure de
en dehors de
en dépit de
encore moins
il m'est arrivé
ça n'a aucun rapport avec le sujet

UNIT 2

Sport in France

Les Français n'ont jamais mieux compris la vertu du vieux précepte MENS SANA IN CORPORE SANO que pendant les années quatre-vingt. Le nombre de ceux qui pratiquent un sport a doublé depuis le commencement des années soixante-dix de sorte que, aujourd'hui, un Français sur cinq fait partie d'une association sportive.

Si beaucoup de Français continuent à aimer, comme autrefois, la chasse, la pêche, les boules et le cyclisme, certains sports qui coûtent assez cher, comme la voile, sont pratiqués un peu moins, tandis que d'autres comme le tennis, le squash et le golf sont pratiqués beaucoup plus.

Il faut dire que cette pratique varie selon le sexe, l'âge et la profession. Les hommes sont plus sportifs que les femmes, les jeunes que les vieux, et les cadres que les ouvriers ou les agriculteurs. Le tennis est donc pratiqué par 27% des cadres supérieurs mais par 5% seulement des agriculteurs.

Dans une société technologique l'équipement sportif devient de plus en plus complet et coûte souvent très cher. Ceci explique en partie la grande popularité des activités comme le jogging et le footing qui sont à la portée de tout le monde.

Ce sont, en effet, les sports individuels comme le jogging, la natation, la gymnastique, le vélo et le ski qui sont à l'ordre du jour et en pleine expansion. 32% des Français pratiquent maintenant un sport individuel.

De nouvelles salles de culture physique fleurissent dans les grandes villes et deux fois plus de femmes qu'il y a quinze ans y vont faire de la gymnastique, du stretching, de la danse et de l'aérobic. Elles y vont non seulement pour se faire plaisir mais surtout pour se faire du bien – pour rester en bonne forme physique, se faire un corps séduisant et peut-être pour retarder les effets du vieillissement.

En ce qui concerne les sports de compétition on a de plus en plus envie de progresser. On suit des cours et on fait des stages intensifs pour améliorer sa technique.

Cette volonté de se dépasser physiquement se manifeste aussi dans le désir de se lancer dans l'aventure. Il ne manque jamais de volontaires pour courir le Paris-Dakar, pour faire l'ascension d'une montagne lointaine ou pour traverser l'Atlantique en solitaire.

On peut donc s'attendre à ce que de plus en plus de jeunes Français qui font leurs deux heures de sport réglementaires en classe consacrent une partie de leurs loisirs tout le long de leur vie à faire du sport.

Reading 1

Read this passage about French pentathletes, then answer the questions which follow.

AU JOUR...

DOPAGE

Les Pentathloniens français sont sans doute plus sages que leurs adversaires étrangers. Ils viennent en effet de récupérer pour le junior Franck Guilly à l'origine troisième et pour l'équipe de France féminine également chez les juniors, deux titres de champions du monde, à la suite du déclassement pour dopage des adversaires qui les devançaient.

A l'occasion de ces championnats du monde qui ont eu lieu au mois d'août dernier dans toutes les catégories 15 Soviétiques, Polonais, Bulgares et Américains ont été sanctionnés et ont perdu le bénéfice des efforts accomplis sur le terrain. Certes, cette reconnaissance tardive n'a pas le même impact qu'immédiatement après la compétition, à l'image de la médaille de bronze olympique de Michèle Chardonnet sur 100 mètres haies décernée plusieurs mois après les Jeux de Los Angeles. Mais la morale est sauve. On sait pertinemment que les efforts exigés par le pentathlon sont plus importants que ceux demandés dans d'autres disciplines, mais les règles établies sont les mêmes pour tous et il n'y a aucune raison pour que ceux qui les transgressent ne soient pas sanctionnés.

Certains considèrent même que les sanctions ne sont pas suffisantes. Il s'agit là d'une question d'interprétation et il apparait difficile de mettre un terme à une carrière sportive à la suite de manquements de ce genre surtout lorsque ce qui est le cas avec le pentathlon, il s'agit de juniors.

Pourtant le problème posé par ce fléau mériterait que l'on se penche sérieusement sur la question.

PH. VOURRON

... LE JOUR

Check list

déclassement
devancer
sanctionner
100 mètres haies
décerner
mettre un terme à
se pencher sur
en solitaire

Language to use

à l'occasion de
on sait pertinemment que ...
il n'y a aucune raison pour que ...
certains considèrent que ...
à la suite de

1 What serious problem is considered in this article?
2 What reason has Franck Guilly just had to celebrate?
3 From which countries did the fifteen guilty athletes mentioned come?
4 What happened to Michèle Chardonnet?
5 How does the pentathlon differ from other disciplines?
6 According to this article, what are the authorities reluctant to do?

Reading 2

Read the passage opposite about the difficulties experienced by sporting and show-biz stars alike, then answer the questions which follow.

Check list	*Language to use*
se spécialiser à outrance	il y a plusieurs explications à . . .
en permanence	Autre point commun:
remettre en jeu	On comprend pourquoi . . .
chaussures à crampons	
raffoler de	
défaillance	
starophage	

1 Why are stars of stage and sport expected to make so many sacrifices?
2 What does Johnny Hallyday reveal about his state of mind before a show?
3 What question is immediately asked when a star performs badly?
4 Why is it especially difficult to remain at the top nowadays?
5 What do stars have in common with teenagers?
6 In what way do stage and sport stars differ from Hollywood stars?
7 What is denied to a star?
8 Why are Michael Jackson and Prince quoted as typical examples of modern rock stars?
9 What does Michael Jackson dream about?
10 What does the public enjoy that makes life difficult for stars?
11 What illustration is given of this?
12 Translate the final paragraph.

Une épreuve de vérité

Pourquoi les stars sont-elles si fragiles ? Paul Yonnet, sociologue, s'en explique avec Gilles Anquetil

Il y a plusieurs explications à cette vulnérabilité grandissante des vedettes de la scène et des stades. D'abord, on demande de plus en plus à ces champions d'être monomaniaques, c'est-à-dire de se spécialiser à outrance dans leur compétence au moment même où, financièrement, ils peuvent satisfaire une multitude de désirs. Au nom de la performance maximum – hit-parade ou résultats sportifs – on leur impose de sacrifier le plaisir.

Johnny Hallyday, dans une récente interview, raconte que plusieurs mois avant un spectacle important il devient infernal et vit dans une inquiétude permanente à l'image d'un champion avant une compétition décisive. De plus, les agents ou les coachs de ces stars exigent qu'elles suppriment toute relation de proximité avec les autres. D'où ces éternelles mises en cause des entourages à la première contre-performance du champion.

Ensuite, on leur intime l'ordre d'être les meilleurs le plus longtemps possible. Les grandes vedettes du rock ou du sport sont ainsi soumises aux lois de l'hypercompétitivité. Le vrai champion est celui qui doit être capable de répéter en permanence la performance au moment où le recrutement des compétiteurs est devenu universel et où les adversaires sont de plus en plus forts. La bagarre sportive ou musicale a rarement été aussi rude. Bref, aujourd'hui les stars sont engagées dans une compétition infinie et doivent inlassablement remettre leur titre en jeu.

Autre point commun entre rockers et athlètes: tous deux exercent leur passion d'adolescence. «*J'en ai fini avec la passion de mon adolescence*», a déclaré Platini en raccrochant ses chaussures à crampons. Une passion adolescente est forcément monomaniaque. On comprend pourquoi rock-stars ou champions se consument si vite. Chacun s'expose *live* dans un rapport de plus en plus sauvage avec le public. C'est la grande différence avec les stars hollywoodiennes qui vivaient loin du public dans un univers imaginaire totalement fabriqué par les grands studios. Il n'y avait pas cette redoutable épreuve de vérité avec le public. Dans

un stade ou sur une scène, nul ne peut tricher dans ce type d'affrontement entre stars et spectateurs. Cette contrainte d'exposition est à la longue extrêmement lourde à vivre. La star épuise très vite tout ce qu'il peut y avoir d'intime et de secret en elle. Aliénée à son public, elle est prise dans des rapports fort troubles de possession. Elle est à la fois possédée et possessive. Dévorée par le public, elle dévore son entourage. «*J'ai eu mille femmes*», affirme telle rock-star, comme si la possession sexuelle devait devenir elle aussi une performance.

Il ne faut pas oublier que le rock est une culture du franchissement des frontières. Le rock – art du métissage par excellence – touche à tout ce qui est «trans» dans notre univers. La rock-star est celle qui s'affronte aux extrêmes – la drogue, par exemple –, aux puissances sonores, aux barrières des sexes. Voyez Michael Jackson et Prince, ils ont créé un rock transsexuel et transracial. Michael Jackson rêve d'être Blanc. Elvis, lui, voulait être Noir. Chez Michael Jackson en revanche apparaît quelque chose de très américain mais de très nouveau dans le monde du rock : le désir d'immortalité. C'est le syndrome de Howard Hughes. Alors que les pop-stars des années 70 étaient engagées dans la voie de l'autodestruction, Michael Jackson rêve, lui, d'un univers sans microbes qui échapperait à toute pollution, à toute contamination. Un rêve de survie.

Enfin n'oublions pas, si l'on veut comprendre la fragilité des stars, que le public raffole du spectacle de l'accident et de la contre-performance. Il y a une fascination égale pour l'exploit et pour la défaillance spectaculaire. Le public est starophage, comme s'il fallait que la vedette paie les strass par le stress. Le spectacle de la défaillance et de la souffrance est souvent aussi payant que celui de la performance. Souvenez-vous du dernier Tour de France de Bernard Hinault. Défaillant mais avec panache, le public ne l'a jamais autant adoré.

P. Y.

(Propos recueillis par Gilles Anquetil)
Paul Yonnet est sociologue. Il est l'auteur de «Jeux, modes et masses», Gallimard, 386 pages, 150 F.

Reading 3

Read the passage opposite about the French racing-driver, Alain Prost, written in November 1986, then answer the questions which follow.

Check list	*Language to use*
remporter	préciser
prime	sans compter

1 What has so far been Alain Prost's success as a racing driver?
2 What is *Le Grand Echiquier*?
3 What was Jacques Chancel interested in finding out when he invited Alain Prost to take part in his programme?
4 What could Jacques Chancel *not* foresee at the time?
5 Why did Jacques Chancel consider Alain Prost an ideal subject for his programme?
6 How does Alain Prost supplement his earnings from Marlboro-MacLaren?
7 Name two ways in which Alain Prost has spent some of his money.
8 What does Alain Prost have to say about winning this year's championship?
9 Why is Alain Prost in a very good position to sympathise with Nigel Mansell?
10 What compensations will Alain Prost have when he retires from motor racing?

télévision

Mercredi 26 novembre

Le Grand Echiquier
Alain Prost, superman du volant

20 h 35

En cinq années de carrière, à 31 ans, Alain Prost, superman du volant, a déjà remporté vingt-cinq grands prix dans les courses à travers le monde. Champion du monde en 1985, il l'a également été cette année.

« Mais, précise Jacques Chancel qui en fait ce mois-ci la vedette de son « Grand Echiquier », je tiens à préciser que j'avais invité le champion de Formule 1 bien avant sa victoire australienne à Adélaïde. Notre rendez-vous avait été pris voici plus de six mois ! A ce moment-là, je savais que toutes les cartes n'étaient pas dans son jeu mais je ne pouvais pas prévoir un pareil doublé... Seule, l'aventure d'un homme, d'un sportif allant jusqu'au bout de ses possibilités, nous intéressait. Vous imaginez ma joie, ce fameux dimanche, au petit matin devant mon poste de télévision : nous étions d'un coup au cœur de l'actualité. »

Pourquoi avoir invité Prost et en avoir fait la vedette du Grand Echiquier ?

« Parce que, répond Chancel, comme Michel Hidalgo, Jacques Laffite, Didier Pironi ou Philippe Chatrier qui furent nos précédents invités sportifs, Alain est un homme qui parle vrai. Il ne se dissimule pas derrière des nuages de démagogie. Il dit tout, il répond à tout. Il ne fait pas de numéro de jongleur masqué. D'autre part, venu de rien, sans le sou, il a une vie, une expérience, une ambition et un devenir.

La course automobile qui est sa passion ne constitue pas le seul moteur de son existence. Prost, poursuit Chancel, est d'abord un vivant, assez doué pour réussir ailleurs à la plus haute altitude.

Alain Prost et Jacques Chancel (Photo A 2)

Golfeur et tennisman, il vaudra demain les meilleurs amateurs. Et il faudra compter avec cet homme d'affaires au cours des années qui viennent. »

Le champion, qui gagne vingt millions de francs par an chez Marlboro-Mac Laren (sans compter les primes ou l'exploitation publicitaire de son nom), est en effet un grand investisseur qui, prudemment, a choisi de vivre à Yens près de Genève où il possède une superbe maison.

« Si j'avais terminé deuxième cette année au championnat du monde, déclare-t-il simplement, j'aurais eu tout autant à raconter. Dans notre métier à hauts risques, toutes les places sont importantes, tous les points méritent d'être considérés. Je pense à Nigel Mansell qui a subi au dernier moment ce que j'ai souffert à trois reprises. C'est dur de perdre un championnat du monde dans les dernières minutes d'un Grand Prix. C'est merveilleux de le gagner... »

Avec la complicité de Jacques Laffite, Alain Prost ne parlera pas seulement des douloureux sacrifices qu'implique la course automobile.

Il évoquera aussi le problème de la reconversion.

Quel avenir un champion peut-il préparer après tant d'années de risques et de travail ? Comment peut-il reconquérir les siens ?

« Mes deux titres de champion me rendent heureux pour toujours, remarque Alain, mais je songe à ma sortie dans trois ou quatre ans. Je serai alors moins égoïste, plus proche de ma femme et de mes deux enfants. La reconversion d'un Killy ou d'un Niki Lauda constitue pour moi un merveilleux exemple. »

Speaking 1

Study the results of this opinion poll which was carried out by *Paris Match* after the Los Angeles Olympics, then answer the specific questions asked and be prepared to discuss the other issues raised.

---

7 Français sur 10 sont fiers de leurs champions

Etes-vous plutôt fiers ou honteux du comportement des champions français à Los Angeles ?

Plutôt fiers	**69**
Plutôt honteux	8
Ne se prononcent pas	23

Qu'attendiez-vous des sportifs français à Los Angeles, en ce qui concerne les résultats obtenus ?

Mieux	32
Aussi bien	**41**
Moins bien	16
Ne se prononcent pas	11

Pourquoi la France qui fait partie des sept pays les plus riches du monde, ne se classe-t-elle qu'entre le 10ᵉ et le 15ᵉ rang sportif ? Parce qu'elle...

Manque de moyens financiers	**50**
Il y a un désintérêt pour la pratique sportive	28
Manque de volonté	13
Manque de combativité	21
Manque de motivation	27
Ne se prononcent pas	10

En France selon vous, l'Etat donne-t-il les moyens d'une politique sportive ambitieuse ?

Oui	16
Non	**75**
Ne se prononcent pas	9

Pensez-vous qu'en France on donne aux sportifs les moyens de pouvoir mener de front une éducation sportive et une éducation scolaire ?

Oui	19
Non	**73**
Ne se prononcent pas	8

Si votre enfant montrait de bonnes dispositions pour le sport accepte-riez-vous de sacrifier tout ou partie de ses études au profit d'une carrière sportive ?

Oui	**52**
Non	38
Ne se prononcent pas	10

Seriez-vous favorable à l'instauration en France des concours de pronostics dans le domaine du football, dont les bénéfices serviraient à dévelop-per tous les sports ?

Oui	**61**
Non	30
Ne se prononcent pas	9

Etes-vous favorable au prélèvement d'un impôt destiné à donner plus de moyens au mouvement sportif dans son ensemble ?

Oui	26
Non	**71**
Ne se prononcent pas	3

Si oui, combien seriez-vous prêt à payer ?

100 F par an	**13**
500 F par an	7
1 000 F par an	3
Plus de 1 000 F par an	1
Ne se prononcent pas	2

De ces 6 super-champions français, quel est celui que vous préférez ?

Alain Prost	13
Laurent Fignon	17
Michel Platini	18
Yannick Noah	16
Jean-Pierre Rives	11
Eric Tabarly	**25**

Sondage exclusif Ifres pour Paris Match. Enquête réalisée du 9 au 12 août 1984 auprès d'un échantillon national de 874 personnes âgées de 18 ans et plus, sélectionné selon la méthode des quotas (sexe, âge C.s., régions).

---

1 Où et à quelle date ont eu lieu les événements sportifs auxquels on fait allusion ici?

2 Les Français ont-ils été déçus par les résultats de leur équipe?

3 Que pensez-vous des réponses données à la troisième question? Qu'est-ce qui indique qu'on n'était pas sûr de la réponse à cette question?

4 Qu'est-ce qui indique qu'on était beaucoup plus sûr de la réponse à la quatrième question?

5 Cela vous étonne que plus de la moitié des Français soient prêts à sacrifier les études de leur enfant au profit d'une carrière sportive? Seriez-vous d'accord avec eux si vous aviez un enfant? Comment justifieriez-vous votre attitude?

6 Regardez ce qu'on dit au sujet des concours de pronostics dans le domaine du football. Quelle différence y aurait-il entre ce qu'on y propose et ce qui se passe déjà au Royaume-Uni?

7 Si on proposait de prélever un impôt pour donner plus de moyens aux sports en Angleterre seriez-vous prêt(e) à le payer? Pourquoi (pas)? Si oui, combien?

8 Eric Tabarly est, paraît-il, le sportif préféré des six champions mentionnés. Savez-vous quel sport il fait? Et les autres? Est-ce que cela vous étonne que ce ne soit pas un joueur d'un sport populaire qui attire le plus d'admiration?

Speaking 2

Study this football team-sheet printed in a French newspaper, then answer the specific questions asked and be prepared to discuss the other issues raised.

FOOTBALL

**CE SOIR A BARCELONE,
EN DIFFÉRÉ SUR TF 1 (22 h 25)**

BARCELONE

(Maillot bleu et rouge, culotte bleue, bas bleus)

Entr. : Venables

1 URRUTI

2 GERARDO 3 MIGUELI 6 ALEXANCO 4 JULIO ALBERTO

6 VICTOR 8 PEDRAZA 11 ESTEBAN (cap.) 7 CARRASCO

10 ARCHIBALD 9 AMARILLA

●

11 LAUDRUP 9 BRIASCHI

10 PLATINI 8 MANFREDONIA 4 BONINI 7 MAURO

3 CABRINI 6 SCIREA (cap.) 5 BRIO 2 FAVERO

1 TACCONI

JUVENTUS

(Maillot noir et blanc, culotte blanche, bas blancs)

Entr. : Trapattoni

Arbitre : M. Fredriksson (Suède).

Remplaçants. — *Barcelone :* 12 Amador (gardien), 13 Moratalla, 14 Urbano, 15 Alonso, 16 Caldere. *Juventus :* 12 Bodini (gardien), 13 Caricola, 14 Pin, 15 Bonetti, 16 Pacione.

1 Comment est-ce que les Français peuvent voir ce match de football?

2 Pouvez-vous expliquer le sens des mots *en différé*?

3 Comment pourra-t-on distinguer les joueurs des deux équipes?

4 Vous verrez que Terry Venables est l'entraîneur de Barcelone. Quel est le rôle d'un entraîneur? Quelle importance a-t-il pour le succès de son équipe?

5 Que fait l'arbitre pendant le match?

6 Trouvez-vous que ce soit toujours facile d'être arbitre pour les matchs de football professionnels? Pourquoi (pas)?

7 Pourquoi y a-t-il un arbitre suédois pour ce match? Est-ce que c'est une bonne idée? Pourquoi?

8 Parmi les remplaçants on voit les noms de deux gardiens. Pourquoi est-ce nécessaire?

9 Que pensez-vous du comportement des soi-disant 'supporters' d'équipes de football?

10 Quels sont les bons et les mauvais aspects du sport professionnel?

Sujets à discuter

On dit que les sports sont bons pour la santé. Voyez-vous d'autres avantages à les pratiquer? Si oui, à quels sports pensez-vous?

Le problème des sports dangereux. Devrait-on les interdire?

Devrait-on gagner de l'argent en faisant du sport?

'Le sport, c'est une perte de temps.'

Further vocabulary

l'alpinisme (m)
un arbitre
l'athlétisme (m)
une balle
un ballon
le billard
la boxe
le chronomètre
le deltaplane
s'entraîner
une équipe
l'équipement (m)
l'équitation (f)
l'escrime (f)
être sportif
faire du sport, du vélo, etc.
les fléchettes (f)
jouer au tennis, au football

un joueur
le matériel
le moniteur (de ski, etc.)
la moto
la pétanque
le ping-pong
la planche à voile
la plongée sous-marine
pratiquer un sport
une raquette
le ski nautique
le snooker
la spéléologie
le stade
le terrain
le tir à l'arc
le tir à la carabine
la varappe

PIERRE QUINON

En 1984, a l'âge de vingt-deux ans Pierre Quinon est monté sur le podium des Jeux Olympiques pour recevoir la médaille d'or du saut à la perche. C'était vraiment un triomphe pour la France et pour l'entraîneur des perchistes Jean-Claude Perrin car le compatriote de Pierre Quinon, Thierry Vigneron, gagnait en même temps la médaille de bronze.

Depuis sa victoire en 1984 Pierre Quinon n'a pas cessé de s'entraîner tous les jours au Stade Yves Dumanoir à Paris-Colombes, non seulement parce qu'il veut rester champion mais aussi parce qu'il est persuadé qu'il peut encore mieux faire. Ce jeune athlète s'entraîne aussi en vue du jour où il devra quitter le sport de compétition en faisant des études et en travaillant à mi-temps dans un bureau. Il est évident que le courage, la volonté et les autres qualités qui ont fait de lui un champion olympique ne lui manqueront jamais.

Malheureusement, grâce à une série de blessures, Pierre Quinon n'a pas pu défendre son titre aux Jeux de Séoul en 1988.

Listening 1

Listen to **PIERRE QUINON** talking about the sacrifices that sportsmen and sportswomen may or may not have to make, then answer the questions.

1 What is Pierre Quinon's first and main reason for saying that he has never had to make sacrifices in order to dedicate himself to sport?
2 What two conditions does he think are necessary for a sportsman to succeed in training and competition?
3 What leads us to suspect that Pierre Quinon may not yet have been stretched to his limits?
4 Why does Pierre Quinon think that some sportsmen are embittered at the end of their career?
5 How does Pierre Quinon feel when he is in a stadium?
6 What other advantages has the sporting life to offer?
7 Why is it becoming more difficult for sportsmen to be friendly amongst themselves?

Check list

ressentir	se priver (de)
hygiène	stade
pragmatique	
entraînement	
en point de mire	
appréhender	
aigri	

Language to use

à mon sens
à un certain moment
effectivement
comment dire?
sur le plan sportif
à condition de . . .
de plus en plus
par la force des choses

Listening 2

Listen to PIERRE QUINON talking about professionalism in sport and then answer the questions.

1 To what differences does Pierre Quinon refer between amateur and professional sportsmen?
2 What consequences does Pierre Quinon fear when tennis is included in the Olympic Games?

Check list	*Language to use*
syndicat	d'une manière générale
ministère	on peut dire
comité	ne serait-ce que ...
un fait	en ce qui concerne ...
natation	

Listening 3

Listen to PIERRE QUINON talking about the use of drugs by sportsmen, then try and summarise his views.

Check list	*Language to use*
dopage	je suis contre
dopé	disons ...
dissocier	
drogue	
drogué	
triche	
à son sens propre	
certitude	
encourir	

Listening 4

Listen to RENE PIQUET talking about payments made to sportsmen and women, then try and summarise his point of view. How far do you agree with him?

Check list	*Language to use*
contresens	du point de vue de . . .
moteur	je suis pour que . . .
génie	ça je ne le conteste pas
sportif de niveau	je trouve quand même . . .
trouver son compte	il n'est pas normal que . . .
dévaloriser	comprenez-moi bien
galvauder	
revenus	
contester	
abus	
moraliser	

Listening 5

Listen to PHILIPPE BIDAINE who is also talking about professionalism in sport. To what extent do his views coincide with or differ from those expressed by René Piquet?

Check list	*Language to use*
entretenir	personnellement
dépasser	on arrive au problème
gain	
actuellement	
amphétamines	
rectification	

Listening 6

Listen to YVES PACCALET's views on the same subject. Does he go any further in his views than René Piquet and Philippe Bidaine? What are your own opinions about professionalism in sport?

Check list

combine
match acheté
excès
haine
hooligan
cristalliser
vague
chômeur
inquiétant
répandu

Language to use

d'un côté ... d'un autre côté ...
ça conduit à ...
il semble bien que ...

UNIT 3

Transport in France

Pour s'assurer une place parmi les pays les plus riches du monde, la France, qui a une superficie de 550 000 km², a eu besoin de développer ses communications.

C'est pourquoi on a fait construire pendant les dernières années tant de routes, de ponts, de canaux et de tunnels.

Si on veut voyager vite en France on peut prendre une des autoroutes qui traversent le pays (pourvu qu'on paie le péage) ou un train rapide – comme le TGV (train à grande vitesse) qui est le train le plus rapide du monde (482, 4 km/h en décembre 1989) – ou un avion d'Air Inter qui assure la liaison entre les villes françaises ou d'Air France entre la France et l'étranger.

La voiture est pourtant le moyen de transport préféré des Français. En janvier 1986, 74% des ménages possédaient une voiture et 22% possédaient au moins deux voitures. Pour tous ces gens la liberté que donne la voiture doit récompenser le temps perdu à attendre dans des embouteillages.

Pour voyager loin il semble que les Français préfèrent le train à l'avion (peut-être à cause des embouteillages aux accès des aéroports). On préfère certainement l'avion au bateau et c'est pour cette raison que les chantiers navals français fabriquent des pétroliers ou des paquebots pour les touristes américains plutôt que de grands bateaux de ligne français. En décembre 1987 le plus gros paquebot du monde *The Sovereign of the Seas* est sorti des Chantiers de l'Atlantique à Saint-Nazaire pour gagner Miami.

A Paris, la RATP (Régie Autonome des Transports Parisiens) organise les transports en commun: le métro et les autobus. Pour ceux qui préfèrent les deux roues, à Paris ou ailleurs, il y a des motos, des cyclomoteurs ou des vélos, mais il faut dire que le marché de la moto, comme celui du cyclomoteur, est en chute régulière depuis quelques années.

Le Français aime mieux s'acheter une voiture même si ce n'est pas un modèle neuf ou de luxe. En effet on vend maintenant trois fois plus de voitures d'occasion en France que de voitures neuves. On fait de grands efforts pour diminuer le nombre d'accidents de la route en France (entre 1960 et 1985 plus de 330 000 morts et 8 millions de blessés) en encourageant les conducteurs à conduire moins vite, à respecter le Code de la route et à ne pas boire d'alcool avant de se mettre au volant.

On prend aussi des mesures pour réduire le bruit et la pollution causés par les véhicules. Par exemple, on achète davantage de moteurs Diesel et d'essence sans plomb.

Reading 1

Read this advertisement for *Air France*, then answer the questions which follow.

Check list	Language to use
tarif	au plus
valable	s'adresser à

1 What three conditions must be satisfied in order to qualify for the 'J moins un' fare?
2 For what journeys does this rate apply?

Reading 2

Read this passage about a road accident, then answer the questions which follow.

Grenay (Isère)
Un piéton tué par une voiture

Lundi vers 19 heures, un accident mortel de la circulation est survenu à Grenay (Isère) sur la RN 6 au lieudit « Luzais », en bas du quartier du Morellon. M. Louis Vella, 73 ans, retraité, domicilié à Irigny (Rhône), traversait la chaussée dans le sens nord-sud (est à cet endroit à trois voies), pour rejoindre le domicile de sa fille Mme Chamot à qui il était venu rendre visite.

Alors qu'il se trouvait sur la troisième voie, il fut heurté par une 504 Peugeot se dirigeant de Lyon sur Bourgoin-Jallieu, conduite par M. Georges Guillaud, 53 ans, de La Tour du Pin (Isère). A ses côtés Mme Marie Toni, 75 ans, et sur le siège arrière son épouse, Mme Paulette Guillaud.
Il fallut le matériel de desincarceration des sapeurs-pompiers de Bourgoin et d'Heyrieux pour reti-

rer de la voiture les occupants dont deux étaient gravement atteints, Mme Marie Toni ainsi que le conducteur M. Guillaud Quant au malheureux passant, les médecins du SAMU ne purent que constater son décès.

Check list	Language to use
mortel	alors que
survenir	ainsi que
lieudit	quant à
retraité	
domicilié	
matériel de désincarcération	
SAMU	

1 What was Louis Vella doing at the time of the accident, and why?
2 What happened to the four people involved in the accident?
3 What service were the firemen called upon to perform?

Reading 3

Read the passage opposite about travel sickness, then answer the questions which follow.

Check list

naupathie
épargner
expérience
amoindrir
fil à plomb
déclencher
se décontracter
rester à jeun
truc
effectuer
sensibilité
en vente libre

Language to use

que ce soit . . .
aller jusqu'à
grâce à
s'avérer
l'un . . . l'autre

1 How common is travel sickness in France, and why is this not surprising?
2 What were the results of a recent experiment?
3 What are the first symptoms of travel sickness?
4 What is remarkable about sea sickness?
5 How does our inner ear
  (a) control our balance?
  (b) react to travel sickness?
6 What advice about eating and drinking is given to sufferers from sea sickness?
7 What were the first clinical tests to be carried out and why were they unsuccessful?
8 Why were further tests made?
9 How was travel sickness induced in further tests?
10 Translate the final paragraph.

Une quarantaine d'ess
sième étage seront effect
prochains mois, avant qu
péen Ariane reprenne le
pace, en principe, au déb
chaine. Les ingénieurs e
ainsi possible de remédie
a entraîné l'échec du dix
fusée, le 31 mai dernier,
du troisième étage a refu

A une cadence de de
maine, ces tirs ont déjà
banc d'essai de la Socié
propulsion, à Vernon (E
qués les moteurs d'Ari
série de mises à feu doit
fier le comportement gl
en cause (dont la techno
basée sur la combustic
d'oxygène liquides) tout
moyens de mesure du
moyens, et en particuli
grande vitesse de prise
tront ensuite de parfait
comportement du moteu
tionnement.

Dans une deuxième
série de tirs aura pour
rer » les moteurs, en le
nombreuses variations
mage. On déterminera a

France-Soir Santé

Les nouveaux produits contre le « mal des transports » : ça marche

TROIS millions de Français souffrent de naupathie — le mal des transports —, que ce soit en avion, en voiture et, plus durement, en bateau. Ce chiffre ne surprend pas, quand on sait que les animaux eux-mêmes en sont affectés.

S'il vous est facile de constater que votre chat ou que votre chien n'apprécie pas la voiture, vous serez sans doute plus étonnés d'apprendre que les poissons eux-mêmes n'en sont pas épargnés. **Une récente expérience a montré que les morues déplacées dans un bateau avaient vomi de la nourriture ingurgitée un quart d'heure avant le début du voyage. Seuls les oiseaux semblent échapper à ce mal.**

Longues expériences

Insidieuse au départ, la naupathie est un malaise indéfinissable auquel succèdent bâillements, sueurs, sensations cotonneuses d'abrutissement. Les facultés psychiques et physiques d'un malade sont amoindries. Après avoir été pâle et somnolent, il a des vertiges, des nausées, et des vomissements.

Le sujet peut sombrer dans une prostration complète, allant jusqu'à l'évanouissement. **Le mal de mer régresse, comme par miracle, dès le retour sur la terre ferme.**

Les mouvements oscillatoires d'un bateau, d'une voiture, ou d'un avion, multiples et anarchiques, agissent en réalité sur l'appareil vestibulaire de l'oreille interne, qui est en fait l'organe de notre équilibre. Dotée de liquide jouant le rôle d'un fil à plomb, cette partie de l'oreille transmet des sensations au cerveau qui déclenchent des vomissements.

Pour lutter contre le mal de mer, les experts vous diront qu'il faut se rapprocher du centre de gravité d'un bateau, fixer un point sur l'horizon, respirer lentement, se décontracter, s'aérer, boire très souvent et par petites gorgées de l'eau minérale, ne jamais rester à jeun, prendre une légère collation une demi-heure avant le départ, s'allonger sur le dos. Des trucs pas toujours très faciles à essayer...

Depuis longtemps, des études cliniques avaient été entreprises sans beaucoup de succès. Les premières avaient été effectuées par les Américains pour leurs soldats. Elles s'avéraient difficiles : il était impossible d'utiliser des animaux, ceux-ci n'ayant pas la même sensibilité que les hommes.

On y avait renoncé, mais le mal des astronautes avait remis les chercheurs au travail. Grâce à l'armée, des volontaires se sont prêtés à de nouvelles expériences qui ont duré plus de dix ans. Le mal des transports était provoqué dans une chambre à rotations lentes.

Après divers essais de substances, on s'est aperçu que les produits à base d'antihistaminiques s'avéraient les plus efficaces. **Deux produits viennent d'être commercialisés sur le marché français, tous deux à consonance marine, l'un évoquant la croisière en haute mer, l'autre la quiétude d'une mer calme. Tous deux sont en vente libre en pharmacie.**

Claude MASSOT

Re

1 What is to happen before *Ariane* is launched into space again?
2 What is the purpose of these happenings?
3 Why are they taking place at Vernon?
4 How will scientists be able to analyse how the engine will work when it is turned on?
5 What is it hoped to establish by the second series of tests?
6 What explanation is given for *Ariane*'s previous failure?
7 What is it hoped will be achieved by the final series of tests?
8 How have the *Thor Delta* launchers proved their worth?
9 How have the Americans suffered financially since the failure of *Challenger*?
10 Why can Europe afford to keep *Ariane* on the ground for a few months?
11 Translate paragraph 5 (beginning 'Il se confirme donc . . .').

Speaking 1

Study this advertisement, then be prepared both to answer the specific questions set and to discuss the various issues raised.

LE TRAIN

Les récents pro
plis sur la su
vité devraien
large champ d'app
au moins deux do
trains à lévitation r
les ordinateurs
Nombre de pays
depuis longtemps
nologie de la s
magnétique qui
Speed Surface Tra
au Transrapid alle
le coussin d'air ét
Aérotrain de Berti
en est simple. Il s
phénomène bien
œuvre dans de n
gets, des aimants
sont disposés cor
repoussent l'un l'a

Bien sûr, il n'es
pour un train de
faire appel à ce t
Les champs mag
ne seraient guè

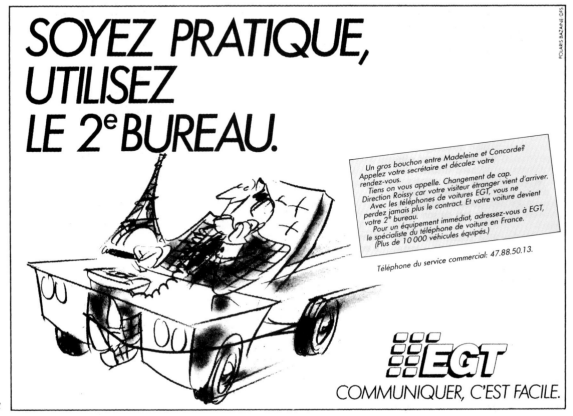

1 Que fournit la compagnie EGT?
2 Pourquoi est-ce qu'on parle du *2e bureau*?
3 'Un gros bouchon', qu'est-ce que c'est?
4 Savez-vous où se trouvent *Madeleine* et *Concorde*?
5 Qu'est-ce que vous pourriez faire si vous ne pouviez pas arriver à votre rendez-vous à l'heure prévue?
6 Pour quelle raison iriez-vous à Roissy?
7 Pourquoi est-ce qu'on vous dit qu'on a déjà équipé plus de 10 000 véhicules?
8 Aimeriez-vous avoir le téléphone dans votre voiture? Quels problèmes de sécurité pourraient se présenter? Est-ce que cela poserait d'autres problèmes aussi?
9 Est-ce que notre vie est réglée par des machines?

Speaking 2

Study these two advertisements, then be prepared both to answer the specific questions set and to discuss the various issues raised.

-30%
SUR TOUS LES VOLS

L'achat d'une carte d'abonnement vous donne droit entre autres avantages à 30% de réduction sur tous les vols. Air Inter vous propose plusieurs formules : abonnement par ligne, lignes groupées, à la carte, toutes lignes...

Renseignez-vous vite auprès d'Air Inter 45.39.25.25 ou de votre Agent de voyages.

AIR INTER

Air Canada.
La liberté
à prix charter.

PARIS MONTRÉAL PARIS	3.490^F
PARIS QUÉBEC PARIS	3.490^F
PARIS TORONTO PARIS	3.790^F

*Vols réguliers soumis à des conditions particulières et sous réserve d'approbation gouvernementale.

Du 1er au 30 Avril

Vite! Achetez vos billets du 1er au 30 avril et voyagez à prix charter sur nos vols réguliers*. N'importe quand. En profitant de tous les services d'Air Canada: Imaginez ... Voulez-vous vous détendre en musique ? les écouteurs sont gratuits. Boire un verre avant le dîner ? le bar est sans supplément. Et si vous avez peur de ne rien comprendre au film, rassurez-vous, il est en français ... Ça donne des ailes, non ? Alors courrez retirer vos billets dans toutes les agences de voyage ou chez Air Canada, 24 bd des Capucines — 75009 Paris — Tél. (1) 47.42.21.21 ou 55 place de la République — 62002 Lyon — Tél. (16) 78.42.43.17.

AIR CANADA

1 Comment les compagnies *Air Inter* et *Air Canada* essaient-elles de vous persuader de voyager avec elles?
2 Dans la publicité d'*Air Inter*, pouvez-vous expliquer ce que c'est qu'une carte d'abonnement?
3 A quoi cette carte vous donne-t-elle droit?
4 Comment pouvez-vous obtenir des renseignements sur les vols d'*Air Inter*?
5 Dans la publicité d'*Air Canada*, qu'est-ce qu'on vous offre comme attractions pendant le voyage?
6 Pourquoi trouve-t-on nécessaire de rassurer les gens que le film est en français?
7 Comment préférez-vous vous détendre pendant un long voyage?
8 Est-ce que la rapidité même d'un voyage en avion peut quelquefois nous poser des problèmes?

Sujets à discuter

Quels sont les avantages et les inconvénients des transports en commun?

Quels sont les avantages et les désavantages des avions supersoniques?

Qu'est-ce qu'on devrait faire pour empêcher les accidents de la route?

Discutez les problèmes causés par la construction des autoroutes.

Further vocabulary

avoir le mal des transports
  (de mer)
atterrir
un automobiliste
le camionneur
la camionnette
le capitaine
le commandant
composter
débarquer
le décalage horaire
décoller
embarquer
faire du bateau
les fumées d'échappement
le guichet

une hôtesse de l'air
le quai
manquer le train (bus, etc.)
le marin
la passerelle
le pilote
le poids lourd
se promener en voiture/bateau
rouler
la station de métro
le steward
le transport aérien
le tuyau d'échappement
la voie
les voies ferroviaires

JEAN-LOUP DHERSE

Jean-Loup Dherse est un homme aux talents multiples. En tant que Directeur-Général d'Euro-Tunnel en 1986 et 1987 on lui confia la responsabilité du projet pour la construction du tunnel sous la Manche. C'est donc lui qui s'est occupé de tous les aspects commerciaux, juridiques, financiers et techniques du tunnel.

Pendant l'interview il fit allusion à son poste de Vice-Président de la Banque Mondiale et Secrétaire Spécial pour le Synode des Evêques qu'il occupa au Vatican en 1987.

Le fait que Jean-Loup Dherse ait passé beaucoup de temps en Angleterre et qu'il ait des petits-enfants britanniques est un atout supplémentaire pour être à la tête d'une équipe franco-anglaise. Ce n'est pas étonnant qu'il ait tant de choses intéressantes à raconter sur les rapports entre ces deux pays et sur le tunnel lui-même.

Listening 1

Listen to JEAN-LOUP DHERSE talking about the Channel tunnel and then answer the questions.

1 What two reasons does Jean-Loup Dherse give for the political importance of the tunnel?

2 How does Jean-Loup Dherse know that Président Mitterrand disagrees with what France Inter said about England?

3 How does Jean-Loup Dherse illustrate his idea that Europe's differences should blend together?

Check list	*Language to use*
une réponse de Normand	à très long terme
dommageable	à court terme
s'harmoniser	cela fait partie du . . .
se soutenir	
atout	

Listening 2

Listen to JEAN-LOUP DHERSE talking about Anglo-French collaboration and then answer the questions.

1 To what differences between the French and the English does Jean-Loup Dherse refer?
2 Why is Jean-Loup Dherse especially well qualified to comment on the English character?
3 What, according to Jean-Loup Dherse, is the main difference in the way the English and the French approach a problem?
4 What problems are caused by this difference in approach?
5 Why will the results obtained by the two-nation team in a few years time be especially interesting?

Check list	*Language to use*
chrétien	à tous les moments
valable	étant donné que . . .
milliard	à partir de . . .
démarche	par contre
caillou	
bi-national	
moisson	
provenir	

YVES CHENEL

C'est aux bureaux de la SNCF, à côté de la Gare Saint-Lazare au cœur de Paris, que nous avons retrouvé Yves Chenel, directeur de la communication à la SNCF.

  Nous avons vite compris, et Yves Chenel nous l'a confirmé lui-même, qu'il trouvait beaucoup de plaisir à parler des trains français, du TGV en particulier, et aussi du Corail. A une époque où les avions vont de plus en plus vite et où on fait construire de plus en plus d'autoroutes, Yves Chenel nous a rappelé que le train a encore un rôle important à jouer dans un pays aussi grand que la France.

Listening 3

Listen to YVES CHENEL talking about the TGV (trains à grande vitesse) and then answer the questions.

1 How does Yves Chenel define the TGV?
2 What do the TGV carry?
3 How are the present trains easily recognised?
4 How are they driven?
5 In what respect are they more powerful than previous trains?
6 What financial advantages are there in this extra power (a) when tracks are being laid and (b) when trains are running?
7 Which new line has been built?
8 How does the TGV fit into the existing network?
9 What examples are given of the latest technology used in the TGV?

Check list

		Language to use
responsable	cinétique	volontiers
rame	élan	à l'heure actuelle
motorisation	courant	ça permet d'une part …
motrice	tiers	à chaque étape
en tête	desservir	dans la mesure où …
en queue	électrifié	
encadrer	infrastructure	
profil	réseau	
rampe	engrangé	
pente	freinage	
ferroviaire	bénéficier	

Listening 4

Listen to JACQUES LEIBOWITCH talking about road accidents in France. Do you share his very strong opinions on this subject? What would he try to do about it if he had the time?

Check list

fonder
agression voituresque
morbidité
croissant
dialectique
prendre connaissance (de)
survie
éventuellement
déborder
cauchemar

Language to use

il faut montrer
au delà de quoi
en passant par là

UNIT 4

The theatre and the cinema in France

Section 1

The theatre

Le théâtre a joué un rôle important dans la vie culturelle des Français depuis le Moyen Age quand les troubadours allaient de ville en ville chantant leurs vers et quand on jouait des 'Mystères', c'est-à-dire des pièces de théâtre à sujet religieux où on faisait intervenir Dieu, les saints, les anges et les diables, jusqu'à nos jours.

Aujourd'hui il y a plus de cinquante théâtres à Paris et bien d'autres en province où on peut voir des représentations de toutes sortes, allant du théâtre des grands écrivains classiques du dix-septième siècle comme Molière, Racine et Corneille au théâtre expérimental de metteurs en scène modernes comme Ariane Mnouchkine, pour qui ce qui compte le plus c'est les gestes, les lumières et les mouvements, en passant par les comédies scintillantes de Beaumarchais et les drames du dix-huitième siècle, par le théâtre romantique du dix-neuvième siècle et les comédies raffinées de Musset pour arriver aux œuvres des dramaturges célèbres du vingtième siècle comme Jean Anouilh, Jean-Paul Sartre, Albert Camus et Jean Giraudoux, sans oublier les écrivains modernes qui traitent leurs sujets d'une façon différente, comme Eugène Ionesco, Marguerite Duras ou Nathalie Sarraute.

L'Etat subventionne certains grands théâtres comme l'Opéra, la Comédie Française ou le Théâtre National Populaire mais il y a aussi beaucoup de petits théâtres privés à Paris et en province. Il y a aussi des théâtres dans les Maisons de la Culture et depuis quelques années on organise de plus en plus de festivals comme celui d'Avignon où on fait du théâtre en plein air.

Malgré le fait qu'on voit un grand nombre de pièces étrangères à la scène parisienne et qu'on parle souvent du manque de nouveaux grands écrivains dramatiques en France, le théâtre français reste toujours vivant et assez dynamique.

Reading 1

Read this passage about Claude Berri, then answer the questions which follow.

PAR JACQUES PESSIS

PARIS COULISSES

Claude Berri renonce à jouer « Chat »

Quinze jours avant de revenir au théâtre, après vingt-trois ans d'absence, Claude Berri a craqué ! Il renonce à interpréter à la Gaité-Montparnasse « Chat », la nouvelle pièce de Rémo Forlani. Et cela, par ordre formel du médecin qui le juge beaucoup trop fatigué pour monter chaque soir sur les planches.

Après avoir consacré trois ans à « *Jean de Florette* » et « *Manon des Sources* », Berri, qui avait eu le coup de foudre pour ce sujet, s'était enfermé pendant un mois et demi à Quiberon pour connaître son texte par cœur avant la première répétition.

La salle étant louée, les comédiens engagés et les affiches posées sur les colonnes Morris, il ne reste plus à Forlani qu'à lui trouver un remplaçant dans les 48 heures.

Sinon, le spectacle sera annulé et Berri, producteur de l'ensemble, paiera l'addition. Un « Chat » qui risque de lui rester dans la gorge...

Check list

par ordre formel
planches
avoir le coup de foudre
répétition
comédien
colonne Morris
remplaçant

1 Why will Claude Berri not be appearing in *Chat*?
2 How had he prepared for the play?
3 Why must he be replaced very quickly?
4 Under what circumstances would Claude Berri pay all the costs?

Reading 2

Read this passage about the Comédie Française, then answer the questions which follow.

Grève à la Comédie-Française

Les représentations de la Comédie-Française qui devaient être données le mardi 30 décembre (à 14 heures, *le Songe d'une nuit d'été*, et à 20 heures, *le Bourgeois gentilhomme*), ont été annulées en raison de la grève décidée par le Syndicat national des professionnels du théâtre et de l'action culturelle (SYNPTAC – CGT). Le syndicat, qui a été reçu le 29 décembre au ministère de la culture, proteste contre les suppressions de postes envisagées dans le cadre des recommandations gouvernementales concernant la fonction publique et demande la parité des salaires avec les personnels de l'Opéra.

★ Pour le report des places ou leur remboursement, se renseigner au 40-15-00-15.

Check list

représentation
annuler
fonction publique

1 What will not now take place on 30 December?
2 Why not?
3 What protest is being made?
4 What demand is being made?
5 What information can be gained by telephoning 40.15.00.15?

Reading 3

Read this passage about Rudy Hirigoyen, then answer the questions which follow.

Rudy Hirigoyen retrouve Francis Lopez

N'ayant pas mis les pieds sur une scène parisienne depuis seize ans, Rudy Hirigoyen va fêter ses cinquante ans de carrière en interprétant dans quelques jours, à l'Elysée Montmartre, « Fandango », la nouvelle opérette de Francis Lopez.

« *Le coup de téléphone de ce dernier a constitué la première proposition que j'ai reçue depuis 1970. Je ne suis pas homme à frapper aux portes et à me plaindre mais, je l'avoue, j'en voulais à quelques personnes et en particulier à Francis, de ne plus penser à moi* ».

Tout en chantant « *La Route fleurie* », et « *Viva Mexico* » à travers la France, Hirigoyen a répété des airs dont le thème a évolué au fil des semaines. « *Au départ, il s'agissait d'un livret intitulé* « *Retour à Cadix* ». *Finalement l'intrigue se déroule au Pays basque, mon pays d'origine. Afin de me replonger dans ce climat, je viens de passer huit jours à Saint-Jean-de-Luz* ». *C'est ce qui s'appelle respirer l'air du pays avant d'en pousser un autre sur scène...*

Check list

scène	en vouloir à
interpréter	répéter

1 How did Rudy Hirigoyen receive his invitation to take part in *Fandango*?
2 Why had Rudy Hirigoyen not been feeling very pleased with the author of *Fandango*?
3 Why has Rudy Hirigoyen just spent a week in Saint-Jean-de-Luz?

Speaking 1

Study these three advertisements for Parisian theatres, then be prepared both to answer the specific questions set and to discuss the various issues raised.

MONTPARNASSE, 31, r. de la Gaîté, 43-20-89-90. Grande salle, 15 h 30 : les Gens d'en face. Petite salle, 16 h : F(r)éderic et Voltaire.

MAT. 16 H
PETIT MONTPARNASSE
JACQUES DUBY   PIERRE VERNIER
F(R)ÉDÉRIC et VOLTAIRE

AUJ. MATINÉE 15 H 30
STUDIO DES CHAMPS ÉLYSÉES
PROLONGATION
LE CONFORT INTELLECTUEL
de MARCEL AYMÉ

"*Le Confort intellectuel* n'a rien perdu de son actualité" (Le Monde). "On prendra un plaisir extrême" (Le Figaro). "Nous fait rire comme on rit rarement" (Le Quotidien). "Pamphlet tous azimuts" (L'Express).

1 De quoi Norbert Shramm est-il champion?
2 Savez-vous ce que c'est que RTL?
3 Pour quelles raisons pourrait-on téléphoner au 48.28.40.90?
4 Comment savez-vous que Frédéric et Voltaire sont tous les deux des personnages historiques? (Qui étaient Frédéric et Voltaire?)
5 Qu'est-ce qui pourrait nous faire croire que *Frédéric et Voltaire* sera moins populaire que *Les gens d'en face*?
6 Croyez-vous que *Le confort intellectuel* soit une pièce nouvelle?
7 Que pensent les critiques de cette pièce?
8 Lisez-vous les critiques avant d'aller au théâtre?
9 Quelles sont les fonctions d'un critique?
10 Laquelle de ces trois représentations vous intéresse le plus? Pourquoi?

Sujets à discuter

L'Etat devrait-il subventionner les théâtres?

Le théâtre provincial.

Les difficultés d'une vie d'acteur.

Pourquoi beaucoup d'acteurs préfèrent-ils jouer au théâtre plutôt qu'au cinéma ou à la télévision?

Quelles qualités faut-il avoir pour être metteur en scène?

Further vocabulary

un auteur dramatique	un dramaturge	le metteur en scène
un comédien/une comédienne	un échec	la mise-en-scène
les coulisses (f)	l'entracte (m)	une pièce à succès
les trois coups	la générale	une pièce de théâtre
le décor	l'intrigue (f)	le souffleur/la souffleuse
le dénouement	jouer un rôle	le spectacle
se dérouler	le machiniste/la machiniste	tenir un rôle

Section 2

The cinema

C'est en 1895 que les frères Lumière ont présenté pour la première fois leur cinématographe à Paris. Parmi les spectateurs se trouvait le jeune Georges Méliès qui fit bientôt construire dans son jardin le premier studio du monde, où il inventa toutes sortes de trucages pour ses films.

Depuis les débuts du cinéma, la France a donné au monde un grand nombre de cinéastes célèbres, comme René Clair, Jean Renoir, Marcel Carné, Claude Chabrol, Jean Cocteau, Jacques Tati et plus récemment François Truffaut, Jean-Luc Godard et Claude Lelouch. Tous ces hommes ont fait des films d'un grand intérêt et d'une grande originalité et il n'est pas étonnant qu'on appelle le cinéma le septième art en France.

A Paris on a un plus grand éventail de films à voir qu'à Londres ou à New York. Une des raisons à cela est peut-être que l'Etat aide les cinéastes en leur accordant des prêts et des subventions.

On trouve de tout dans les films français: de l'humour et de la gaieté, de la sensualité et de l'amour, de l'histoire et de la politique, de la mélancolie et de la tristesse, de la poésie et bien d'autres choses encore.

De nos jours les Français collaborent avec d'autres pays pour créer des productions internationales. D'ailleurs on aborde des problèmes nouveaux avec des techniques nouvelles sans cesser de faire des films de toutes sortes.

Reading 4

Read this passage about a new film called *Thérèse*, then answer the questions which follow.

LES FILMS

THÉRÈSE
★ ★ ★

Film français d'Alain Cavalier.
Avec Catherine Mouchet,
Aurore Prieto, Sylvie Habault.
1986. 1 h 30.

« Je veux être une sainte en cachette. » Cette phrase énorme et naïve résume bien *Thérèse*. Et c'est ce personnage démesuré et simple qu'Alain Cavalier a réussi à peindre. La sainteté au cinéma n'est pas une aventure facile, car il faut oublier les effets de caméra, les péripéties extérieures, l'imagerie voyante. Alain Cavalier, comme Thérèse, a choisi l'extrême dépouillement. Il rejette les décors réels, ne garde qu'un fond douteux et quelques objets rituels ou usuels : cierges, crucifix, lit, mais aussi fourneaux, évier, seaux, et même deux ou trois poissons et une petite grenouille ! Et c'est en se privant de tout que Cavalier nous donne graduellement Thérèse. Une jeune carmélite fascinée par Jésus, entretenant avec lui des rapports d'amante, tantôt

comblée, tantôt rongée de doute. Cette familiarité avec le sacré, cette impression de plain-pied souriant, Catherine Mouchet l'atteint miraculeusement !

Les plans se succèdent, s'éteignent, s'effacent dans le noir, renaissent, et on entre ainsi dans le monde de Thérèse, avec son évidence d'apparition, son mélange de pauvreté et de sublime, mais aussi ses côtés savoureux. Monde où les écarts de langage peuvent brusquement jaillir, où les religieuses restent des femmes malgré le vœu de silence et la règle. Et quand la mort approche de Thérèse, personne n'essaie de la cacher. Thérèse part en éclaireur, avant les autres, donner des nouvelles de ses sœurs au Bon Dieu !

On est pris par la folie de Thérèse, on devient complice de son hystérie naïve. Et c'est là le tour de force d'Alain Cavalier : au spectateur moderne et mécréant, Thérèse n'est jamais étrangère, cette cinglée nous convainc.

Patrick Grainville

Check list

en cachette
résumer
effets de caméra
péripéties
dépouillement
jaillir
cinglée

1 Who is Thérèse?
2 What are her two most striking characteristics?
3 Why is it difficult to portray saintliness in a film?
4 Exactly what kind of setting does the director provide?
5 What kind of a relationship does Thérèse have with Jesus?
6 What impression do the other nuns make on the viewer?
7 What is Thérèse's attitude to death?
8 Why, according to the critic, is this a successful film?

Reading 5

Read the passage opposite about the way in which Parisian cinemas are closing down, then answer the questions which follow.

Check list

arrondissement
point chaud
branché
fréquentation
avènement
brouiller les cartes
voire
tarte à la crème!

Language to use

partout ailleurs
comme on le prétend
si l'on en croit
Autre facteur non négligeable . . .

1 What do the French sometimes call the cinema?
2 What kind of contribution do Paris cinemas make to the French cinema industry?
3 At what time was cinema-going most popular in France?
4 What will have happened to cinemas by 1990?
5 Why are cinemas in the Champs-Elysées and the Latin Quarter no longer popular?
6 Explain why the Reflet-Balzac is doing so badly.
7 What was done to save the cinema in the fifties?
8 What has recently occurred to make television a more serious threat to the cinema?
9 What has Canal Plus just celebrated?
10 How does the B.I.P.E. forecast that a film will make money in 1990?
11 Why, according to Jean-René Marchand, are large cinemas now popular?
12 How does Bernard Vidal argue in favour of cinemas with several screens?
13 Translate the second paragraph (beginning 'L'ère des cinémas . . .').

Paris perd ses cinémas

PARIS, capitale française du septième art ? Les chiffres parlent en effet : les quelque cinq cents salles réparties dans les vingt arrondissements — soit 10 % du parc national — réalisent le quart des recettes totales de l'exploitation. Mais à Paris comme partout on va de moins en moins au cinéma : 41 millions de spectateurs en 1984, pas même 38 en 1985, pour une recette ramenée dans la même période de 918 millions à 895 millions de francs. Au lendemain de la guerre, 400 millions de Français fréquentaient les salles obscures, seulement 172 millions l'année dernière. En 1990, le chiffre devrait tomber à 138 millions. D'ici là, mille salles sur les cinq mille que compte le parc national auront disparu.

L'ère des cinémas de quartier est terminée ; celle des quartiers de cinéma se confirme. Quatre points chauds, qui coïncident avec des pôles de loisirs, attirent désormais les trois quarts des spectateurs. Montparnasse enregistre les scores les plus stables. Mais, partout ailleurs, la chute du nombre des entrées est très sensible.

Les cinéphiles — c'est un phénomène d'époque — désertent de plus en plus les grands boulevards. Sur les Champs-Elysées également, les salles traditionnelles se dépeuplent. Quant au quartier Latin (qui n'a plus d'étudiant que la réputation), il est concurrencé par les Halles (dernier quartier branché), à la programmation similaire. « La concentration est telle, explique Jean-René Marchand, directeur d'exploitation du Centre national de la cinématographie (CNC), qu'une salle excentrée par rapport à l'artère principale enregistre un handicap. » Pour quelques mètres de trop, le Reflet-Balzac enregistre de mauvais résultats et l'UGC-Marbeuf ferme ses portes. Que dire alors des salles situées en dehors des quatre périmètres cinéphiliques habituels !

L'ennemi numéro un du cinéma est-il, comme on le prétend couramment, la télévision ? « Dans les années 50-60, au moment de l'apparition de la télé, on disait déjà que le grand écran était condamné ! », proteste Bernard Vidal, vice-président de la Fédération nationale des cinémas français (FNCF). C'est à cette époque en effet que les exploitants avaient dû renoncer aux grandes salles. Le fractionnement en multi-salles, qui avait entraîné une hausse de la fréquentation, avait alors sauvé le septième art, pendant que la capacité moyenne tombait de 450 à 300 fauteuils (420 des quelque 500 écrans parisiens appartiennent aujourd'hui à des complexes).

L'avènement de la 5ᵉ et de la 6ᵉ chaîne, l'installation progressive du réseau câblé, le développement de la vidéo, la diffusion de Canal Plus (qui a fêté son millionième abonné), brouillent aujourd'hui, et bien plus considérablement, les cartes. Fait significatif : en 1979, les recettes d'un film provenaient à 25 % du cinéma et seulement à 10 % de la télévision. A présent la proportion s'inverse. Respectivement passée à 55 % et 20 % (TV payante y compris), elle tournerait à l'horizon 1990 — si l'on en croit le Bureau d'informations et de prévisions économiques (BIPE) — autour de 30 % pour chacun des deux médias, la vidéo passant pour sa part durant la même période de 4 % à 20 % (1).

Autre facteur non négligeable, « les spectateurs fuient de plus en plus les salles où les conditions de vision s'apparentent trop à celles de la télévision », poursuit Jean-René Marchand. « Les grandes salles montrent une grande stabilité, voire une hausse de fréquentation qui dénote bien la nouvelle tendance du public à rechercher le spectacle de l'image et du son », constate le Film français, hebdomadaire spécialisé (2). Confort, écrans géants, dolby, sont en priorité recherchés. Avec ses 2 800 places, le Grand Rex, qui a pourtant failli mourir à plusieurs reprises, a fait, en 1985, près de 13 000 entrées hebdomadaires. Pourtant situé dans le quinzième arrondissement, le Kinopanorama (630 fauteuils) voit lui aussi sa fréquentation augmenter : de 7 400 à 8 000.

L'avenir serait-il donc aux grandes salles uniques ? « Tarte à la crème ! s'exclame Bernard Vidal. Les complexes, avec des salles de capacités différentes, permettent de faire tourner un film d'une salle à une autre, en fonction de l'évolution de son succès. »

(1) Le reste étant formé des droits de diffusion des films à l'étranger.

(2) Palmarès 1985 des salles parisiennes.

Speaking 2

Study the extract opposite from *Télé 7 Jours* about the film *La Flambeuse*, then be prepared both to answer the specific questions set and to discuss the various issues raised.

1 A quelle date a-t-on tourné le film?
2 A quelle époque se passe l'action du film?
3 Qu'est-ce qu'on fait pour que les gens qui sont un peu sourds puissent bien comprendre ce qu'on dit?
4 Pourquoi 'le jeu' représente-t-il un danger?
5 Pourquoi le film s'appelle-t-il *La Flambeuse*?
6 On dit que Louise 's'étouffe dans sa vie de famille'. Pourquoi, pensez-vous?
7 Pourquoi Maxence et Clémentine ont-ils beaucoup de temps pour s'adonner au jeu?
8 Que pensent les critiques de l'actrice qui joue le rôle de Louise?
9 Aimeriez-vous aller voir ce film? Pourquoi (pas)?
10 Que pensez-vous du rôle d'un critique du cinéma?

Sujets à discuter

Un film français que vous avez vu récemment.

La musique au cinéma.

Qu'est-ce qui explique la popularité de certains films à succès?

Les qualités que doit posséder un bon metteur en scène.

Les westerns.

Further vocabulary

la bande sonore	la prise de vues
la caméra	projeter
le cinéaste	le réalisateur
le court/long métrage	la séance
le critique/la critique	le scénario
un éventail	la script-girl
le metteur en scène	le sous-titre
le mixage	sur le terrain
le montage	le tournage
un opérateur	le trucage
le plateau	la vedette

UN FILM FRANÇAIS DE RACHEL WEINBERG (1980) – DURÉE : 1 h 35

La Flambeuse 7

Louise	**Léa Massari**	Le Hongrois	**Claude Brosset**
Le Chevalier	**Laurent Terzieff**	Le facteur	**Pierre Saintons**
Henri	**Gérard Blain**	Xavier	**Rudolf Monori**
Clémentine	**Evelyne Dress**	Loulou	**Jacques Serres**
Maxence	**Didier Sauvegrain**	Jean-Luc	**Roland Timsit**
Le professeur	**Gabriel Jabbour**	Le patron	**Gérard Cuvier**

SCENARIO ET DIALOGUES DE RACHEL WEINBERG ET JEAN-MARIE MARGUET - IMAGES DE GEORGES STROUVÉ - MUSIQUE DE ROMAIN DIDIER.

Pour les malentendants munis d'un décodeur sous-titrage apparent

LE SUJET

En France, de nos jours. Une femme mariée, qui cherchait à s'émanciper, se laisse gagner par la passion du jeu, mettant son foyer en péril.

SI VOUS AVEZ MANQUÉ LE DÉBUT

Louise, la quarantaine, mariée, deux enfants, vient acheter des allumettes dans un vieux bistrot de quartier à l'enseigne de La Flambeuse, où plusieurs clients s'adonnent avec passion à divers jeux de hasard. Revenue au domicile familial, elle s'attire les reproches de son mari, Henri, architecte très actif, qui ne comprend pas ce besoin de sortir acheter des allumettes alors qu'il y a tant de briquets dans l'appartement. En fait, Louise, qui vient d'abandonner son emploi de secrétaire, étouffe dans sa vie de famille. Et, re-

Maxence (Didier Sauvegrain), Louise (Léa Massari) et le Chevalier (Laurent Terzieff)

tournant au café, elle accepte la partie de 421 que lui propose le vieux professeur. Puis elle fait la connaissance des autres passionnés du jeu et, en particulier, de Maxence et Clémentine, couple de comédiens au chômage. Un personnage mystérieux l'attire, le « Chevalier », qui l'initie au poker. La chance sourit à Louise qui prend goût au jeu et rentre de plus en plus tard le soir. Henri s'inquiète devant l'attitude de sa femme.

NOTE CRITIQUE

Drame psychologique. **Des invraisemblances, des clichés mais un film qui, finalement, se laisse voir sans ennui,** *grâce à Léa Massari. Une mention aussi pour* **les seconds rôles, remarquables de sincérité.**

Cote Télé 7 Jours et **Office catholique** :
pour adultes et adolescents

Listening 1

Listen to YVES PACCALET talking about the Cousteau films. What two kinds of people watch the films and what message is common to all the films?

Check list

diffuser
les Nations Unies
gratuitement
conservationniste
environnementalistes
saccager
prise de conscience

Language to use

c'est exact
bien entendu

SIMON EINE

Simon Eine est un des principaux acteurs de la Comédie Française, théâtre fondé en 1680 par une lettre de cachet du roi Louis XIV. C'est maintenant un théâtre subventionné et placé sous la tutelle du Secrétariat d'Etat à la Culture. Les subventions représentent deux tiers des ressources de la compagnie qui est la seule troupe fixe à Paris.

Un Administrateur Général nommé pour six ans par le Ministre engage les acteurs par un contrat d'un an renouvelable. Ce sont les pensionnaires qui sont actuellement au nombre de trente.

L'Administrateur Général est assisté par un Comité d'Administration de dix personnes – l'Administrateur lui-même, le Doyen, c'est-à-dire le plus ancien des sociétaires, et huit autres personnes dont quatre sont nommées par le Ministre et quatre élues par l'Assemblée Générale des sociétaires. Le Comité choisit parmi les pensionnaires les futurs sociétaires qui s'engagent par un Acte de Société à employer exclusivement leurs talents au sein de la Comédie Française pour une durée de dix ou quinze ans. Ces sociétaires se partagent les parts de la société.

Simon Eine est actuellement un des sociétaires (ceux-ci sont également au nombre de trente) et il est aussi membre du Comité d'Administration.

250 autres personnes travaillent dans les services techniques, administratifs et artistiques de la compagnie qui présente en alternance un répertoire de textes classiques et contemporains d'auteurs français et étrangers.

Listening 2

Listen to SIMON EINE talking about the cinema and the theatre and then answer the questions.

1 In what way does Simon Eine think the French cinema would do well to emulate the English and American cinema?
2 How does he describe the interaction between theatre actors and their audience?
3 To what does he liken a human hand and the hand of a robot and why?
4 Describe the love-hate relationship that Simon Eine has with his chess set.
5 Why does he think so highly of Peter Greenaway's film *Meurtre dans un jardin anglais?* (N.B. English title of film is *The Draughtsman's Contract.*)

Check list

catalogué
échange
pellicule
bouillon
crépiter
champ magnétique
robot
cerveau
jeu d'échecs
embêter
se retenir (pour)
véhicule
bande dessinée
meurtre
inouï
régal

Language to use

c'est mon regret numéro un
sur ce plan-là
ça se fait beaucoup
on voit toujours les mêmes têtes
grâce au ciel
cela dit . . .
je préfère de très loin
de la même manière

Listening 3

Listen to SIMON EINE talking about what it means to him to be an actor at the Comédie Française and then answer the questions.

1 To what does Simon Eine liken the actors of the Comédie Française?
2 How do the actors of the Comédie Française differ from other French groups of actors?

3 What are we told about the origins of the company?
4 What is the connection between Napoleon and the Comédie Française?
5 What example does Simon Eine give of the way in which the actors themselves help to run the company?
6 What is Simon Eine's opinion of this self-government?

Check list

bêtise
moine
monastère
troupe
metteur en scène
s'éparpiller
absolutisme
décret
s'autogérer
se coopter
sociétaire
réagir
tendu
à hue et à dia

Language to use

ce que j'éprouve, c'est que …

UNIT 5
French history and traditions

C'est en étudiant l'histoire et les traditions de la France que l'on remonte aux sources de cette vieille civilisation et que l'on commence à mieux connaître et comprendre la France d'aujourd'hui.

On n'a qu'à étudier les noms propres en France pour comprendre à quel point l'histoire de la France est liée à celle des autres pays européens. Il y a Marseille qui était autrefois une ville grecque; Paris où se sont installés les Parisii, une tribu celte; Gallia ou Gaule, qui n'est devenue Francia ou France qu'après l'invasion des Francs au cinquième siècle.

Si on suit l'histoire des rois de France depuis le temps où Charlemagne a été couronné empereur d'Occident en 800 à travers les guerres du moyen âge et de la Renaissance on arrive au règne de Louis XIV, époque de gloire militaire, littéraire et artistique. Puis on passe par les diverses crises du dix-huitième siècle qui ont abouti à la révolution de 1789 et à l'abolition de la monarchie en France. Après la défaite de Napoléon Bonaparte on suit les péripéties de la nouvelle république jusqu'à la guerre franco-prussienne et la fondation de la troisième république en 1871.

Après la 'Belle Epoque', au début du vingtième siècle, la France, comme ses voisins, a subi deux guerres mondiales. Ce n'est qu'après 1945 qu'elle a commencé à se rétablir et à se développer pour devenir un des pays les plus riches du monde.

Il y a des traditions qui remontent très loin dans l'histoire de la France. On trouve des expressions dans la langue qui font allusion à des activités anciennes, comme, par exemple 'tirer son épingle du jeu'.

Il y a un grand nombre de traditions qui se rattachent à la vie familiale ou religieuse des Français, surtout en ce qui concerne les baptêmes, les premières communions, les mariages, les grandes fêtes. Le quinze août commémore l'assomption de la Sainte Vierge et le premier novembre ou la Toussaint est la fête des morts.

Il y a aussi beaucoup de traditions qui reflètent les goûts ou les conditions de vie des Français, comme celles qui concernent le manger et le boire.

Il y en a d'autres qui reflètent la vie régionale: le port de la coiffe en Bretagne, par exemple, ou le jeu de la pelote au Pays Basque.

Plus on cherche et plus on découvre des richesses dans l'étude de l'histoire et des traditions en France.

Reading 1

Read this passage about the outbreak of the Second World War, then answer the questions which follow.

M. COULONDRE fait savoir à M. de Ribbentrop

que la France est dans l'obligation de remplir ses engagements contractés envers la Pologne à partir du 3 septembre à 17 heures

M. Coulondre, ambassadeur de France, a été reçu à 12 h. 30, par M. de Ribbentrop, ministre des Affaires étrangères du Reich.

Il lui a demandé s'il était en mesure de donner une réponse satisfaisante à sa communication du 1er septembre. M. de Ribbentrop a répondu négativement.

En conséquence, M. Coulondre, après avoir rappelé une dernière fois la lourde respon-

---

TOUTE une génération sortie de la guerre va rentrer dans la guerre. Elle s'achemine vers les frontières précédée de ses fils. Dire qu'elle n'a pas voulu cela n'aurait aucun sens. L'idée même de subir deux fois cette épreuve lui semblait inconcevable.

Des hommes jeunes, leur devoir accompli, ont travaillé, peiné, cherché leur place, multiplié les efforts qui donnent un sens à l'existence humaine. Incapables de haine envers un peuple quelconque ils ne songeaient qu'à vivre selon la loi commune.

Hier, trois septembre, l'un d'entre eux, obscur comme eux dans les anciens combats et ivre aujourd'hui de son pouvoir, les a sauvagement trahis. Les adjurations de l'univers n'ont fait qu'exciter ses sarcasmes. Il replonge dans le sang la patrie qu'il aime et qu'il a cru servir. Il se croit grand parce qu'il est intraitable. Il sacrifie son peuple à une infatuation.

Nous éprouvons une révolte aussi intime et plus grave que celle qui résulterait de l'attaque de nos frontières. Le sursaut vient du fond de la conscience humaine.

Dans son discours guerrier aux membres du Reichstag Hitler s'est présenté comme le premier soldat du Reich. Il a osé faire appel à l'esprit des anciens combattants. On ne sait ce que seront ses pensées dans la nuit qui commence. Mais de toutes ses impostures au cours de cette semaine tragique celle qu'il commet en revêtant l'ancien uniforme restera la plus misérable.

Pierre Brisson.

La responsabilité du sang répandu retombe entièrement sur le gouvernement hitlérien

a dit M. Daladier dans l'émouvant appel qu'il a lancé hier soir et qu'il a terminé par le cri de « Vive la France ! »

Françaises et Français,

Depuis le 1er septembre, au lever du jour, la Pologne est victime de la plus brutale et de la plus cynique des agressions. Ses frontières ont été violées, ses villes sont bombardées, son armée résiste héroïquement à l'envahisseur.

La responsabilité du sang répandu retombe entièrement sur le gouvernement hitlérien. Le sort de la paix était dans les mains de Hitler; il a voulu la guerre.

La France et l'Angleterre ont

Check list

s'acheminer
adjuration
éprouver

1 According to Pierre Brisson, what was the attitude in September 1939 of the generation who had lived through the First World War?
2 How had the men who were young in the First World War been spending their time since then?
3 According to Brisson, what change had come over Hitler since the First World War?
4 How had Hitler reacted to the attempts of other people to restrain him?
5 On what does Brisson base his feelings of revolt?
6 What does Brisson feel about Hitler's uniform?

Reading 2

Read this passage about the end of the war in Europe in 1945, then answer the questions which follow.

8 MAI 1945

par François MAURIAC

IL n'y aura plus aujourd'hui, comme le 11 novembre 1918, un vieux Paul Bourget à sa fenêtre, penché sur la rumeur enivrée de Paris, et grommelant : « Voilà les bêtises qui commencent ! » Les Français savent qu'ils ont été sauvés « de justesse », comme on dit. Ils gardent leur tête froide, bien que leur cœur déborde d'une amère tendresse pour les morts de la guerre, pour ceux sur qui les maisons de nos vieilles villes se sont écroulées, pour les suppliciés de la Gestapo, pour les revenants des camps de l'épouvante, pour l'immense foule anonyme dont le sacrifice nous a mérité de voir ce jour auquel obstinément nous avons cru (et c'est notre modeste honneur...) durant ces noirs hivers de l'occupation, alors qu'en si grand nombre les Français étaient traqués, grelottants et affamés; et qu'ils soient bénis avant tous les autres, ces fils de France à qui nous devons d'avoir vu cette aube se lever au delà du Rhin, — car c'était un rêve hier inimaginable et qui s'est accompli pourtant : le drapeau français flotte à Stuttgart et à Ulm, confondu avec les glorieux étendards de nos frères américains et anglais. Que leur sacrifice et celui des innombrables soldats de l'Armée rouge demeure inscrit à jamais dans la mémoire et dans le cœur des écoliers de France.

Voici pour nous le jour du grand rassemblement. Les injures ne sont pas des raisons. A tous ceux qui m'en accablent, je répète avec le calme de la certitude : « Vous voyez bien que vous vous êtes trompés, que vous avez été trompés. Mourir ignominieusement ou vivre dangereusement — mais vivre ! Pris dans ce dilemme, nous avons choisi le parti de la vie. Regrettez-vous aujourd'hui de n'avoir pas déclaré la guerre aux Alliés ? Regrettez-vous que les hommes de la Résistance aient réduit à néant les accords de Montoire ? » Réjouissez-vous donc avec nous, et avec tous les peuples délivrés d'une monstrueuse servitude. Tressaillez de joie parce que l'Europe avait été réduite en esclavage par des tortionnaires et par des assassins et qu'elle est redevenue la patrie des hommes libres, et qu'elle n'a pas été abandonnée, et que nos yeux ont vu la manifestation de la Justice.

François MAURIAC,
de l'Académie française.

Check list

rumeur
enivré
déborder
camps de l'épouvante
injure

1 Why does François Mauriac think that the French will not react to victory in 1945 in the same way as they did in 1918?
2 What had happened to some people living in old French towns?
3 Name three other groups of people whom the French are especially remembering.
4 In what ways did many other French people suffer during the German occupation of France?
5 What symbol of victory is now giving the French cause for pride and joy?
6 Who else must French schoolchildren remember, and why?
7 Translate the final paragraph.

Reading 3

The circus is traditionally very popular in France. Read this passage about a new circus, then answer the questions which follow.

Ce soir et demain

Le cirque Arlette Gruss : la tradition de la piste

Fille du maître Ecuyer Alexis Gruss disparu le 6 février 1985, Arlette Gruss ne pouvait que- ...fonder un cirque. Cette aventure, elle l'a tentée l'an dernier. Après un audacieux rodage en Irlande, le tout nouveau cirque Arlette Gruss entreprend cette année sa toute première tournée dans l'hexagone. Entre temps, elle a eu du pain sur la planche avec son équipe : il a fallu choisir le matériel roulant, faire construire un chapiteau, toutes les infrastructures, embaucher du personnel compétent.

Et puis, bien sûr, élaborer un spectacle avec un grand «S», parfaitement dans la tradition de la piste.

Arlette affirme avoir toujours rêvé d'un cirque idéal où règnerait une parfaite harmonie de sons, de couleurs, de sensations, entre l'artiste et le spectateur.

Alors, avec son équipe, elle a peaufiné un spectacle étonnant sous le chapiteau soigneusement décoré de 32 m de diamètre et d'une capacité de 1500 places. Deux caractéristiques essentielles expliquent le niveau de cette production : la moyenne d'âge de la troupe est

de 26 ans, et les attractions internationales qu'elle propose sont, paraît-il, triées sur le volet.

Voici ce que nous propose le programme :

- Georgika Kobann et ses panthères : une attraction dans laquelle la complicité entre l'animal et l'homme atteint son niveau de perfection. - Carmelita Miazzano et ses chiens. - Miss Brigitte à la corde verticale. - Marco junior jongleur. - Les Monti équilibristes sur piédestal. - Les Carlis des clowns irrésistibles. - Miss Valérie danse acrobatique. - Les Gilson Brigitte et Gilbert Gruss à la perche aérienne, un numéro très audacieux par son rythme et la difficulté des exercices. - Marco et Brigitte, avec leurs bulles de savon géantes. - Carmelita Miazzano avec sa haute école Espagnole. - Marco Monti auguste de soirée.

Vous voulez voir par vous-même ce que cela donne ? Alors sachez que le cirque Arlette Gruss vous propose encore deux soirées, ce dimanche à 21 heures et demain lundi, même heure, sur le parking du nouveau port de pêche, le chapiteau étant installé à l'arrière de l'annexe de l'office de tourisme.

Check list

écuyer	peaufiner
rodage	moyenne
chapiteau	trié sur le volet
piste	

Language to use

elle ne pouvait que
entre temps
avoir du pain sur la planche

1 Why did it seem very natural for Arlette Gruss to found a circus?
2 What did she do last year and what is she planning for this year?
3 How will she be occupied in between these ventures?
4 What, according to Arlette Gruss, is the ideal circus?
5 What are the two main characteristics of her production?
6 What are we told about Georgika Kobann's act?
7 Which are the three most light-hearted acts?
8 Which acts are the most daring, and why?
9 When and where exactly can the circus be seen this week?

Reading 4

Read this passage about April Fool traditions in France, then answer the questions which follow.

La tradition des poissons d'avril

Chaque année, pour les petits et les grands, la journée du 1er avril est l'occasion de farces et de plaisanteries, avec pour thème central les poissons. Chose curieuse, si l'on considère que cette date se situe dans la période zodiacale du signe du bélier. En fait, cette tradition n'a rien de commun avec les constellations ; elle est plutôt originaire de la superposition de légendes mythologiques et religieuses.

Tout commence avec les fêtes antiques du printemps. Mais il faut savoir tout d'abord, que le mois d'avril est dédié à Vénus, déesse des amours et protectrice des poissons, puisqu'elle était née elle-même des flots marins.

Chaque pays possède son histoire des « attrape-nigaud » ou « poissons d'avril » : c'est à l'équinoxe de printemps (fin mars, début avril) que Rome fêtait le retour de l'année nouvelle. Anna, la déesse de ces festivités se moqua du dieu de la guerre, Mars, en prenant la place de sa sœur Minerve dans le lit nuptial. La supercherie fit rire tout l'Olympe.

A la même époque en Grèce, on célébrait les « hilaria » pendant la première semaine d'avril : on dédiait des jeux au dieu du rire. Une fable raconte que Lucius fut victime d'une mystification collective : ivre, il pourfendit de son épée trois outres de vin ; il crut avoir tué trois hommes, et devant sa peur, la foule organisa un faux procès avec un avocat de renom ; l'énorme farce amusa tout le monde pendant la durée des jeux.

Premier jeu de l'année

Le mois d'avril ou « le Gai » a toujours évoqué la fécondité, les amours, la joie, la renaissance de la nature. C'est pourquoi il a été souvent choisi comme premier mois de l'année, surtout au Moyen-Orient (le Naurouz iranien ou la Pâque juive). Mais, à l'époque, l'année lunaire ne correspondait pas au cycle solaire.

De plus, pendant plusieurs siècles, le calendrier changea périodiquement de date ; c'est César qui fixa le jour de l'An au 1er janvier (d'où le calendrier Julien). En France, chaque province, jusqu'en 1564, était dotée de son propre calendrier.

Avant cette date, le pays changea neuf fois le jour de son Nouvel An. Il fut même question du 1er avril. Cette hypothèse, v te évoquée, fut tout aussi rap dement oubliée ; mais dans l'esp it populaire, cela resta ancré comme une galéjade, même si Charles IV rendit définitif le 1er janvier comme Jour de l'An.

L'une des légendes voudrait donc que ce soit en souvenir de la suppression du Nouvel An le 1er avril que chacun offre à ses voisins des petits cadeaux sous forme de farce.

Fables

Une seconde légende suppose que cette coutume serait liée à la fermeture de la pêche, généralisée en France le 1er avril depuis des siècles à cause du frai. Quand les pêcheurs en eaux douces étaient privés de poissons, les villageois leur lançaient des harengs pour les taquiner. Une autre fable raconte que Vénus, poursuivie par Jupiter, fut sauvée par deux poissons qui la portèrent sur leur dos. Ces deux poissons intelligents étaient des maquereaux. D'où l'extrapolation de ce terme qui qualifie désormais un entremetteur dans les affaires sentimentales.

La dernière explication plausible concerne la fin du Carême : pendant quarante jours, il fallait s'abstenir de manger de la viande ; on se rabattait donc sur le poisson ; pour se moquer de ce qui avait été leur nourriture pendant si longtemps, les chrétiens exhibaient des poissons dans les rues le 1er avril, à la fin du jeûne.

De nos jours, personne ne se plaindra que les poissons en chocolat remplacent les harengs ou les maquereaux d'antan. Le 1er avril conserve toujours son caractère de réjouissance collective avec ses plaisanteries originales sans queue ni tête... de poisson !

Check list

bélier
supercherie
pourfendre
outre
doté
ancré comme une galéjade

frai
jeûne
d'antan
original
sans queue ni tête

Language to use

si l'on considère que . . .
en fait
à l'époque
de plus
d'où
de nos jours

1 What zodiacal reason is there for thinking it strange that 1 April is the day for 'fishy' tricks and jokes?

2 On what is April Fool's day really based?

3 Why did Venus protect fish?

4 When and why did Rome celebrate fool's day?

5 How did Anna make everyone laugh?

6 What trick was played on Lucius?

7 Why has April often been chosen as the first month of the year?

8 What are we told about the beginning of the year before 1564 in France?

9 In what practical way, according to legend, do people remember that 1 April was once New Year's Day?

10 Why does the fishing season end on 1 April?

11 How did the villagers tease fresh-water fishermen?

12 Why is the word *maquereau* used in French to denote a go-between in affairs of the heart?

13 Translate the final two paragraphs. (Hint: take *de poisson* to go with *plaisanteries*.)

Speaking 1

Study the notice opposite published by General De Gaulle in 1941, and be prepared both to answer the specific questions asked and to discuss the issues raised.

1 Où se trouvait le Général de Gaulle quand il a écrit cette lettre?

2 Pourquoi a-t-il écrit à tous ses compatriotes?

3 Que pensait-il de ceux qui gouvernaient la France à cette époque?

4 Que veut dire la phrase 'des gouvernants de rencontre'?

5 Pourquoi le Général croyait-il essentiel que les Français jouent un rôle actif dans la guerre?

6 Est-ce que la tâche qu'il proposait aux Français serait facile? Pourquoi?

7 D'après cette lettre, comment peut-on savoir que le Général était un grand patriote?

8 Si vous aviez été Français(e) à cette époque-là, à quel point les sentiments exprimés par le Général vous auraient-ils touché(e)? La façon dont il présentait ces sentiments, est-ce que cela aurait compté pour quelque chose aussi?

9 Jusqu'où iriez-vous pour protéger votre pays et vos compatriotes contre un envahisseur/vainqueur?

10 Est-ce que vous savez autre chose sur le Général de Gaulle et sur le rôle joué par les Français pendant la Seconde Guerre Mondiale?

A TOUS LES FRANÇAIS

La France a perdu une bataille!
Mais la France n'a pas perdu la guerre!

Des gouvernants de rencontre ont pu capituler, cédant à la panique, oubliant l'honneur, livrant le pays à la servitude. Cependant, rien n'est perdu!

Rien n'est perdu, parce que cette guerre est une guerre mondiale. Dans l'univers libre, des forces immenses n'ont pas encore donné. Un jour, ces forces écraseront l'ennemi. Il faut que la France, ce jour-là, soit présente à la victoire. Alors, elle retrouvera sa liberté et sa grandeur. Tel est mon but, mon seul but!

Voilà pourquoi je convie tous les Français, où qu'ils se trouvent, à s'unir à moi dans l'action, dans le sacrifice et dans l'espérance.

Notre patrie est en péril de mort.
Luttons tous pour la sauver!

VIVE LA FRANCE !

C. de Gaulle.

GÉNÉRAL DE GAULLE

QUARTIER-GÉNÉRAL,
4, CARLTON GARDENS,
LONDON, SW1

Speaking 2

Study the newspaper article opposite about language, then be prepared both to answer the specific questions asked and to discuss the issues raised.

1 Pourquoi le monsieur à gauche porte-t-il un chapeau bizarre?
2 Quelles fautes d'orthographe voyez-vous au tableau noir?
3 Etes-vous d'accord avec le sentiment exprimé dans la phrase écrite au tableau noir?
4 A quel moment de l'année cet article a-t-il paru dans un journal? Pourquoi a-t-on choisi ce moment-là?
5 'Perfide Albion', c'est quoi? D'où vient ce nom?
6 Pourquoi s'agit-il de 'perfidie' ici?
7 Que pensez-vous des exemples de 'bon français' que l'on cite ici?
8 Est-ce que vous trouvez cet article amusant? Pourquoi (pas)?
9 Est-ce que vous croyez que les Français devraient rejeter les mots étrangers qui entrent dans leur langue? Et les Anglais?

Sujets à discuter

L'importance de la tradition.

Avez-vous la nostalgie du passé? Justifiez votre attitude, quelle qu'elle soit.

Que savez-vous des grandes fêtes de famille en France?

Pensez-vous qu'il soit plus facile ou plus difficile de vivre aujourd'hui qu'il y a cent ans? Pourquoi?

Further vocabulary

abolir	fêter
les archives (f)	habituel
coloniser	un jugement
commémorer	la légende
la conquête	médiéval
la coutume	le moyen âge
une crise	le niveau de vie
entrer dans l'histoire	la période
une époque	un récit
un événement	succéder
faire la guerre/la paix/les lois	le traditionalisme
un fait	un usage

(Photo Philippe Chérel)

Alors que frétillent déjà les cloches de la rentrée des classes, jetons un regard embué sur une époque où nos maîtres savaient faire respecter, férule en main, les règles élémentaires de l'orthographe et de la grammaire réunies.

Assez, perfide Albion !

Depuis l'aube de la nuit des temps, notre langue est la victime de multiples aggressions étrangères venues d'ailleurs : invasions wisigothes, ostrogothes, polyglothes, and so one...

Plus récemment, et sans attendre le tunnel sous la Manche, la perfide Albion nous a insidieusement glissé dans le palais quelques mots qui nous restent en travers de la luette.

Voulez-vous des exemples ? Ben, en v'la !
– Beefsteack, hot-dog, jogging, water-closet...
Avouez qu'il serait simple de dire, en bon français :
– Steck-chips, sandwich (à la saucisse), footing matinal et lavatories hommes et dames.
Si cela ne vous suffit pas, écrivez-nous. Thank you et auf wiedersehen !

LA VIEILLE DAME DE L'ARC DE TRIOMPHE

Pour cette vieille dame, elle-même inconnue devant la tombe du Soldat Inconnu où nous lui avons adressé la parole le 11 novembre 1987, la cérémonie annuelle qui commémore l'Armistice de la Première Guerre Mondiale en 1918 est plus qu'une simple tradition.

Nous savons, nous, que 1 350 000 Français ont été tués pendant cette guerre terrible, soit 14% des générations de 15 à 50 ans en 1911, mais pour cette vieille dame le 11 novembre 1918 est une expérience vécue. C'est pourquoi ses paroles nous ont semblé si sincères et si émouvantes.

Listening 1

Listen to the old lady at the Arc de Triomphe talking about Armistice Day. How does she describe the scene of the first Armistice Day seventy years ago? How had her family suffered from the war?

Check list	*Language to use*
armistice	c'était inoubliable
tuer	tant que je pourrai
s'embrasser	
sonnerie	

ALAIN DECAUX

Historien, écrivain, membre de l'Académie Française, présentateur d'une émission très populaire à la télévision, et depuis 1988 secrétaire d'Etat à la Francophonie, Alain Decaux est tout cela à la fois mais ce qui frappe au premier abord chez lui c'est son grand enthousiasme. Qu'il raconte une anecdote historique ou qu'il fasse part de ses opinions, il parle toujours avec passion et conviction et réussit à intéresser son auditoire.

Listening 2

Listen to ALAIN DECAUX discussing the possibility of knowing the truth of history and then answer the questions.

1 What story does Alain Decaux tell to prove that people see themselves as being at the centre of what is happening?
2 To which three important French archives does Alain Decaux refer?
3 Who was Blanqui and where did he spend much of his life?
4 Why does Blanqui figure so often in police records?
5 To what material proof of history does Alain Decaux refer?
6 Why is this kind of proof especially important for some periods of history?
7 Where is evidence of the happenings of daily life often found?
8 What is Alain Decaux's final opinion about the possibility of knowing the truth of history?

Check list

témoignage
jeune premier
jeune première
archives
procureur général
fougueux
intransigeance
couleur de muraille
archéologie
fouilles
mérovingien

barbare
éblouir
chroniques
tombeau

Language to use

comme il y en avait
à cette époque
à la suite
peu à peu
c'est prodigieux

Listening 3

Listen to ALAIN DECAUX talking about the lessons that can be learnt from history and then answer the questions.

1 What, according to Alain Decaux, do historians feel about this?
2 What harsh judgment do French people often pass on politicians?
3 How do the French contradict themselves in their attitude to politicians?
4 How is it that we can all know the content of Hitler's private conversations?
5 To whom did Hitler speak and about what?
6 What lesson did Hitler *not* learn from history?
7 What difference was there between Napoleon's army and Hitler's?
8 What happened to Hitler's vehicles?

Check list

trait du caractère
dédain
inculte
entretien
sténographier
prendre en sténo
tenture
échec
campagne
se référer à
char
s'embourber

Language to use

il ne s'intéresse pas à grand-chose
nous autres historiens
on a tendance à dire ...
ça fait partie de ...
en l'occurrence
l'exemple qui me vient à l'esprit
sans cesse
il savait parfaitement
sous la main

Listening 4

Listen to ALAIN DECAUX talking about the Académie Française and explain why he is so proud to be a member of this body.

Check list

compagnie
agacé
remonter (à)
hérédité
succéder (à)
lignée

Language to use

Eh bien, pour moi ...
il faut être très franc
quelque chose qui m'émeut
   beaucoup
ce qui nous manque

Listening 5

Listen to CECILE OUSSET giving an authoritative view on the changes taking place in modern France. Why is she in such a good position to notice these changes and why does she think that France is changing more than England?

Check list

attaches

Language to use

ça évolue
moi qui voyage beaucoup
pas toujours dans le bon sens
il faut prendre la chose telle qu'elle
   est
le fait d'avoir ...

UNIT 6

The media in France: the press, television and radio

Section 1

The Press

Pour bien des raisons on lit moins souvent le journal en France qu'en Angleterre quoiqu'il existe un nombre suffisant de quotidiens, de magazines et d'hebdomadaires pour satisfaire à tous les goûts.

Si l'excellent quotidien *Le Monde*, admiré dans le monde entier, a un plus grand tirage que les autres quotidiens parisiens, on en vend cependant moins d'exemplaires que le journal régional le plus lu *Ouest-France*. Il s'ensuit que beaucoup de Français s'intéressent davantage à ce qui se passe là où ils habitent qu'à savoir ce qui se passe à Paris ou à l'étranger.

Presque tous les journaux parisiens ou régionaux contiennent les dernières nouvelles nationales ou internationales, politiques, économiques, scientifiques, religieuses, sportives, littéraires et culturelles mais aussi des petites annonces, de la publicité, des articles sur les loisirs et la mode, des programmes qu'on peut écouter à la radio ou regarder à la télévision, des mots croisés, etc. Certains journaux populaires comme *France Soir* et la plupart des journaux régionaux contiennent aussi des photos et des bandes dessinées.

Tous les journaux offrent des reportages plus ou moins longs sur les faits divers, qu'il s'agisse d'accidents, de vols ou de n'importe quel événement quotidien qui puisse intéresser le lecteur.

Reading 1

Read this passage about a newspaper having problems, then answer the questions which follow.

«*Le Matin*»
vraie ou fausse mort?

Le Matin n'est plus dans les kiosques.
Le quotidien, sauvé il y a six mois par sa propre rédaction, et à qui *l'Evénement du jeudi* avait à l'époque apporté une aide financière au nom de la défense du pluralisme, a épuisé ses réserves. Son déficit d'exploitation excessif ne lui permettait plus d'espérer un nouvel apport extérieur. Va-t-on vers un dépôt de bilan? C'est probable. *L'Evénement du jeudi*, pour sa part, sans bien sûr avoir vocation à s'occuper d'un quotidien, avait présenté un projet rédactionnel original basé sur un strict équilibre financier, qui seul permettrait à un titre de sensibilité progressiste mais totalement indépendant d'occuper la place que notre confrère a su défendre avec courage avant de succomber. Les adversaires du pluralisme auraient tort de se réjouir. Pour peu qu'un entrepreneur relève le défi, quelque chose de neuf et de performant pourrait surgir de cette tragédie journalistique.

Check list	*Language to use*
pluralisme	à l'époque
déficit d'exploitation	pour sa part
dépôt de bilan	avoir tort
titre	pour peu que …
confrère	quelque chose de neuf …

1 How was *Le Matin* saved six months ago?
2 Why has production now ceased?
3 For what reason did *L'Evénement du Jeudi* offer help and why might it be considered surprising?
4 What is likely to happen to *Le Matin* now?
5 What is the only kind of newspaper that *L'Evénement du Jeudi* would like to see replacing *Le Matin*?
6 What action is required if good is to come of this failure?

Reading 2

Read this passage about the weekly magazine *L'Evénement du Jeudi*, then answer the questions which follow.

« L'EVENEMENT DU JEUDI » A LA LOUPE !

Voilà déjà quelque temps que je voulais vous faire part de mon point de vue. Jusqu'alors, je ne m'étais jamais décidé à prendre la plume. Aujourd'hui, j'ose et j'en profite !

Le mot « scandale » de la couverture de votre numéro 161 est réservé à *VSD* ou à un autre hebdo à petites sensations. Vous êtes un hebdomadaire intelligent, de réflexion, et n'avez pas besoin de ces « attire-mouches » pour plaire. Sur la même couverture : « PC : vers le néant » ; ne pensez-vous pas plutôt que le PC va vers le renouveau ? Votre titre sous-entend que Juquin n'arrivera à rien et que l'ex-PC continuera dans sa décadence. Or, Juquin a du succès et en aura de plus en plus ! (...) Croyez-vous ne vendre que dans la capitale ? C'est l'impression que vous donnez. La France est grande, adressez-vous aux Français et pas seulement aux Parisiens. Je serais curieux d'avoir votre avis sur le lecteur type de *l'Edj*. (...) Je trouve aussi que vous pourriez encore faire un effort sur la culture : pourquoi ne pas donner à la rubrique « Lettres » la même importance qu'au cinéma ? Votre rubrique « Quelle époque » est amusante, mais elle rappelle trop sa cousine dans *Lui*; les objets présentés coûtent un prix fou. Enfin, je souhaiterais un peu moins de politique. Bonne continuation.

Franck Bernard, Saint-Tropez

Check list	*Language to use*
attire-mouches	faire part de
néant	jusqu'alors
titre	
rubrique	

1 What is the main reason why Franck Bernard chooses to read *L'Evénement du Jeudi*?

2 What criticism is made of magazines like *VSD*?

3 Why does M. Bernard *not* agree with what was said in issue no. 161 of *L'Evénement du Jeudi* about the Communist Party?

4 What advice does M. Bernard give about the promotion of *L'Evénement du Jeudi*?

5 What would M. Bernard like to have more of in *L'Evénement du Jeudi* and what would he like to have less of?

6 What two criticisms does he make of the column *Quelle époque*?

Reading 3

Read this passage about two provincial newspapers, *Le Progrès* and *Le Dauphiné*, then answer the questions which follow.

PAPIVORE

Licenciements dans l'air au « Progrès » et au « Dauphiné »

Les négociations entre syndicats et direction des titres régionaux de Hersant ne devraient déboucher que la semaine prochaine, mais 100 licenciements semblent prévus dans le plan de restructuration de la fabrication.

L'annonce vendredi de la suppression d'une centaine d'emplois dans les titres régionaux du groupe Hersant a *« surpris »* tout le monde au *Progrès* et au *Dauphiné libéré* : directions et syndicats affirment que la nouvelle est prématurée et que les négociations sont en cours. *« Contrairement à ce qui se dit, il n'y a pas eu de comité d'entreprise »*, dit un responsable du *Progrès*, *« les discussions continuent, c'est tout. »* Pourtant, le 14 janvier prochain, une nouvelle rencontre direction-syndicats pourrait déboucher sur la signature d'un protocole d'accord entérinant les mesures de restructuration dans le secteur fabrication des différents titres.

La signature mettra un terme à un marchandage qui dure depuis septembre. Lorsqu'en janvier 1986 Robert Hersant, déjà propriétaire du *Dauphiné libéré* depuis 1983, « rachète » *Le Progrès* à Jean-Charles Lignel, il se retrouve avec, entre autres, deux sociétés d'impression : Progrès SA (PSA) pour les titres du groupe *Progrès* et Presse du Sud-Est (PSE) pour ceux du *Dauphiné* et du *Figaro*. Après la mise en commun de différents services (distribution, publicité), la rationalisation économique n'a pas tardé à atteindre la fabrication. Elle touche les moyens techniques, et particulièrement les imprimeries installées à Chassieu. Matériellement, l'opération n'est pas compliquée : les services de montage et de photocomposition respectifs sont distants de quelques mètres et les rotatives sont déjà dans les mêmes locaux. Au terme de l'accord qui devrait être signé, cinq des six rotatives resteraient à Chassieu, la dernière serait transportée à Saint-Etienne, où seraient tirés *La Tribune*, *Le Progrès* et *Loire-Matin*.

Cette restructuration n'est pas encore réglée : *« On n'en est pas à parler de départs*, dit un responsable du Livre CGT. *Pour l'instant on parle d'intégration et de salaires. »* Mais, même si les organisations syndicales sauvent quelques postes supplémentaires, par exemple à la mise en page ou aux rotatives, une dizaine de salariés du *D.L.* et 90 du *Progrès* devraient être remerciés. La plupart de ces suppressions d'emplois se feraient par le biais de mises à la retraite anticipée. Le plan de restructuration s'étalerait sur une quinzaine de mois.

Pierre SORGUE

Check list

déboucher	mettre un terme à
licenciements	rotatives
suppression	mise en page
responsable	biais
entérinant	

Language to use

affirmer que
contrairement à ce qui se dit
on n'en est pas à . . .

1 What bad news was announced on Friday?
2 Who denies the truth of this and why?
3 What is likely to happen on 14 January?
4 Whose jobs could be saved by the unions?
5 How would staff cuts be made?
6 How long is it likely to take to make the proposed changes?
7 Translate the second paragraph.

Speaking 1

Study this advertisement, then be prepared both to answer the specific questions asked and to discuss the various issues raised.

PROFITEZ DE CETTE OFFRE EXCEPTIONNELLE*

RENVOYEZ DÈS AUJOURD'HUI CE BULLETIN D'ABONNEMENT

**L'Evénement du Jeudi - Service Abonnements
2, rue Christine, 75280 PARIS Cedex 06**

BULLETIN D'ABONNEMENT ET D'ADHÉSION

☐ **J'ADHERE** au Club* et je m'abonne pour 1 an à L'EVENEMENT DU JEUDI.
Prix de l'abonnement pour un an : 750 F au lieu de 1 040 F.
Chaque numéro me revient donc à 14,40 F.
Prix exceptionnel de l'adhésion au Club pour un an : 100 F au lieu de 300 F.

- **ET** je vous joins un chèque de 850 F que je libelle
à l'ordre de l'EVENEMENT DU JEUDI.
Je réalise ainsi une économie de 490 F.

- **OU** je choisis le paiement différé pour la somme de 750 F.
Je remplis alors l'autorisation en dernière page de l'encart et je joins un chèque de
100 F à l'ordre de L'EVENEMENT DU JEUDI pour adhérer au Club.
Je recevrai bientôt ma carte de Membre du Club (valable 1 an) et pendant 52 jeudis
mon Evénement hebdomadaire.

Nom |_|_|_|_|_|_|_|_|_|_|_|_|_|_| Prénom |_|_|_|_|_|_|_|_|_|_|_|_|

Adresse |_|_|_|_|_|_|_|_|_|_|_|_|_|_|_|_|_|_|_|_|

|_|_|_|_|_|_|_|_|_|_|_|_|_| Code Postal |_|_|_|_|_|

Commune |_|_|_|_|_|_|_|_|_|_|_|_|_|_|_|_|_|

* L'adhésion au Club vous engage à ne pas résilier votre abonnement avant 1 an.

Votre adhésion au  de l'Evénement du Jeudi

Une affaire à saisir maintenant!

A titre exceptionnel, le Club de l'Evénement du Jeudi vous ouvre ses portes.
Pour profiter de cette offre limitée, il vous suffit de vous abonner pour un an à
l'Evénement du Jeudi. Pour cela, complétez le bulletin ci-contre et renvoyez-le
avant 15 jours, accompagné de votre règlement, à : L'Evénement du Jeudi,
Service abonnements, 2, rue Christine, 75280 Paris Cedex 06.

L'abonnement + le Club:
un avantage + des advantages

Vous abonner pour un an à l'Evénement du Jeudi, c'est payer chaque numéro
14,40 F au lieu de 20 F, c'est aussi avoir la certitude de ne manquer aucun
Evénement... dans le cadre de l'offre spéciale, réservée aux nouveaux
abonnés, vous bénéficiez en plus de l'adhésion au Club de l'Evénement à
des conditions exceptionnelles : pour 100 F seulement, au lieu de 300 F,
vous êtes membre pour un an, avec tous les avantages que cela comporte.

Vos avantages en tant que membre du Club:

Chaque jeudi dans l'Evénement vous trouvez une liste de propositions.
Des dîners-débats, des rencontres avec des personnalités, une réduction
permanente dans votre restaurant : Le Comptoir de l'Evénement, des places
gratuites pour de nombreux spectacles dans toute la France : concerts, danse,
théâtre. Chaque semaine des cadeaux, très souvent des disques gratuits...
Des offres à tarif réduit pour des voyages, des week-ends, des réductions
sur des articles variés, etc.
ET BIEN D'AUTRES AVANTAGES QUE VOUS DECOUVRIREZ chaque semaine
dans les pages réservées exclusivement au Club.

**Pour en savoir plus, reportez-vous
à la page Club de ce numéro**

Pour vous abonner et adhérer, renvoyez
le bulletin ci-contre avant 15 jours.
Pour bénéficier de la formule d'abonnement par prélèvem
renvoyez le dernier volet avec la 4e page complétée.

---

1 Si vous acceptez cette offre, quelles économies ferez-vous sur le prix
d'abonnement et sur le prix d'adhésion au club?

2 Quelles sont les deux méthodes de paiement possibles?

3 Combien d'exemplaires de *L'Evénement du Jeudi* recevrez-vous
pendant votre abonnement?

4 Combien de temps avez-vous pour renvoyer le bulletin?

5 Parmi les avantages offerts aux membres du club lesquels vous
attirent le plus et pourquoi?

6 Vous êtes-vous déjà abonné(e) à un journal ou à un magazine?
Lequel? Pour quelles raisons l'avez-vous choisi?

7 Quelles sortes d'articles sur l'actualité vous intéressent le plus et pourquoi?

8 Que cherchez-vous dans un article sur l'actualité – des faits seulement ou des opinions aussi?

Sujets à discuter

L'influence de la presse.

Le rôle du journal régional.

La presse féminine.

La presse des jeunes.

Further vocabulary

un abonnement	un hebdomadaire	le photographe
s'abonner à	l'horoscope (m)	la photographie
adhérer	l'impression (f)	le quotidien
l'adhésion (f)	une imprimerie	le rédacteur (en chef)
une agence de presse	les jeux (m)	la rédaction
le carnet du jour	le/la journaliste	les sous-titres (m)
la colonne	le kiosque	le typographe
le correspondant	la météo	la 'une'
une édition	le numéro	
un envoyé spécial	paraître	

Section 2

Television

On a dit que la télévision sera bientôt la principale activité éveillée des Français et que ceux qui sont nés après 1970 passeront plus de temps devant leur petit écran qu'à leur travail.

L'hebdomadaire *Télé 7 Jours* se vend souvent à plus de trois millions d'exemplaires; c'est donc de loin le titre le plus lu de la presse française.

A la différence de la radio on regarde la télévision surtout le soir en ne faisant rien d'autre.

On peut choisir entre les trois chaînes principales du réseau national: TF1 et ANTENNE 2 qui diffusent toutes sortes de programmes – films, séries, magazines, jeux, variétés, feuilletons, etc., et FR3 qui diffuse beaucoup de programmes régionaux; ou entre les quatre chaînes plus récentes: LA CINQ qui offre surtout des rediffusions pendant la journée, CANAL PLUS qui offre des rediffusions, surtout des films et du sport, de sept heures du matin à très tard la nuit, M6 qui offre un choix de programmes, surtout de la musique et pour les jeunes, entre 14h et 24h et la SEPT enfin qui remplace FR3 à Partir de 15 heures tous les samedis. Ou bien on peut regarder TELE MONTE-CARLO ou RTL TV ou R.T.B.F. – la télévision belge diffusée en français. Dans le nord de la France on peut même capter quelques-unes des chaînes anglaises!

Reading 4

Read this passage about television in Europe and Japanese competition, then answer the questions which follow.

La télévision en Europe : relever le défi japonais

La Communauté européenne unit ses forces afin de préserver son espace audiovisuel.

BRUXELLES :
Ivan RIOUFOL

Ils seront peut-être deux à se partager demain la télévision. D'un côté, les Japonais et leurs techniques. De l'autre, Hollywood et ses images. Deux géants ayant déjà en main les atouts essentiels permettant la maîtrise de l'essor audiovisuel. Pourtant, c'est entre ces deux « alliés » que la vieille Europe, fragmentée, aux législations disparates, a décidé de se faire une place. Son ambition : créer la « télévision sans frontières ». En a-t-elle les moyens ?

La question était omniprésente, hier, lors de la première journée de la conférence sur « l'avenir de la télévision en Europe » organisée par le Club de Bruxelles, association indépendante regroupant des spécialistes de la Communication. La première réponse a été apportée par le vice-président de la Commission européenne, lord Colkfield : « *Il faut, dès aujourd'hui, que nous pensions en termes de continent*, a-t-il déclaré. *Il faut créer un système souple et viable pour l'avenir de la télévision en Europe.* » Une certitude qui n'en est pourtant actuellement qu'au stade des directives « communautaires ». Parmi celles-ci : l'harmonisation des règles publicitaires et des droits d'auteurs. Un minimum, en fait.

Reste encore à gagner le plus dur : le défi technologique de la « haute définition » (l'image parfaite) lancée par les Japonais. L'Europe – piquée au vif – a décidé de le relever en se présentant unie, en mai dernier, à Dubrovnik, lors de la session plénière du Comité consultatif international de radiocommunication (C.C.I.R.). Pour l'industrie européenne grand public, c'est sa survie qui est aujourd'hui en jeu. Avec un sursis de deux ans : le délai qu'ont obtenu les Européens pour présenter une alternative valable au projet des Japonais. Une véritable course contre la montre s'est engagée sous l'impulsion de Thomson et de Philips, leaders européens en électronique.

« *On ne peut se permettre d'être perdants* », ont hier reconnu les intervenants en rappelant au passage que le standard haute définition élaboré par la N.H.K. japonaise avait coûté 200 millions de dollars, financés sur fonds publics. Dans cette bataille très importante, la Commission européenne a décidé d'apporter son soutien : « Eurêka » – projet d'Europe de la technologie – qui regroupe dix-neuf pays, a été défini comme le cadre idéal pour fourbir les armes.

I. R.

Check list

maîtrise	en jeu
au stade de	soutien
droits d'auteurs	fourbir

Language to use

d'un côté ... de l'autre ...
Reste encore à ...

1 Why are Japan and America called the giants of television?
2 What disadvantages does Europe have when competing with Japan and America?
3 What is Europe's ambition?
4 What is the 'Club de Bruxelles'?
5 What kind of system does Lord Cockfield want to create?
6 What aspects of television are the members of the European community trying to agree upon?
7 What is the most difficult technological challenge facing European television?

8 What is at stake for European television?
9 What must the Europeans present within the next two years?
10 How did the Japanese finance their project?
11 Why did the European Commission decide to use the Eurêka project?

Reading 5

Read this passage about interactive video games, then answer the questions which follow.

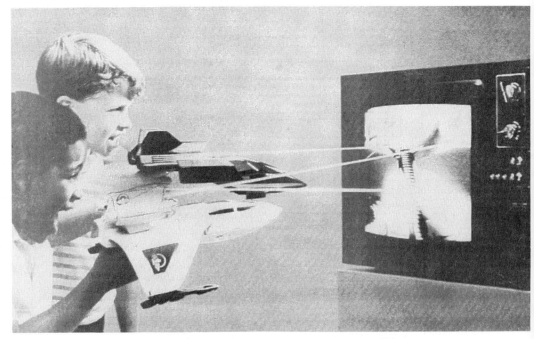

Les jouets interactifs sont arrivés...

En vedette, à partir d'aujourd'hui au Salon du jouet de New York, de nouveaux jouets qui vont transformer les jeunes téléspectateurs en acteurs de bandes dessinées... Et qui seront en France à la fin de l'année.

Feu sur la télévision ou comment participer à la bataille de ses superhéros préférés...

On savait les enfants consommateurs éperdus de séries télévisées comme de combats galactiques. Adoration jugée « passive », « peu créatrice » par les parents et les psychologues, désorientés par cette boulimie à sens unique qu'engendre chez les plus jeunes la contemplation quotidienne du petit écran. Inévitable ? Non ! Il suffit de faire participer pour transformer le spectacle en jeu à part entière, en ont déduit les grands sages du marketing... Participer, voilà le maître mot des jouets de demain, celui qui mettra fin à cette inertie cathodique tant décriée en permettant aux enfants d'agir directement sur ce qu'ils regardent. Il suffisait d'y penser : le principe des jouets interactifs était né.

Derniers-nés de la gamme électronique, ces nouveaux venus, à mi-chemin du microprocesseur et de la bonne vieille mitraillette en plastique, tiendront la vedette à partir d'aujourd'hui au salon annuel du jouet de New York. Un bon tiers des deux cents fabricants français du jouet y sont partis en pionniers pour découvrir ce qui s'annonce déjà comme les best-sellers de l'an 2000. Clou de ce « Toy Fair » de Manhattan, les vaisseaux spatio-temporels du « Captain Power » qui tireront bientôt des rafales de rayons laser sur les épisodes d'un feuilleton TV pas comme les autres. Ce sont les enfants, à la fois spectateurs et acteurs, qui auront le doigt sur la détente et qui donc sèmeront la guerre ou la paix dans les rangs des « soldats du futur... » de l'autre côté de l'écran.

Excitant et magique

L'électronique fait des miracles. C'est elle qui permettra aux jeunes téléspectateurs, dûment armés de ces spationefs guerriers, de batailler par rayons laser interposés avec leurs superhéros jusque-là inaccessibles. Ces jouets très spéciaux seront activés par des signaux sonores à très haute ou très basse fréquence que transmettront les émissions télévisées spécialement

conçues à cet effet. Une technologie de pointe qui mêle l'action en directe et les dessins par ordinateurs, et que la société Mattel garde jalousement top secret en attendant la première démonstration en public ce week-end.

« C'est excitant, c'est magique. Ça a tout l'air d'être la nouvelle vague qui balaiera l'industrie du jouet », s'est contenté de révéler Thomas Kalinske, président de ladite société. Nul doute que les géants de la distribution américaine du jouet se rueront avec un bel ensemble sur ces petites merveilles qui ne sortiront pas avant l'été prochain sur le marché d'outre-Atlantique. Une gamme de vingt prototypes – environ 30 à 40 dollars pièce – attend déjà les aventures télévisées du « Captain Power », programmées à raison d'une demi-heure par semaine, le samedi ou le dimanche soir à partir de l'automne prochain, pour familiariser les jeunes foules avec le principe du jouet interactif. Une demi-heure pendant laquelle les bons se battront indéfiniment avec les méchants, mais surtout cinq minutes cruciales qui laisseront le beau rôle au téléspectateur, chargé de tuer l'infâme « Lord Dread » avec son « Powerjet XT-7 ». Un duel électronique avec l'image dont le suspense devrait faire fureur auprès du jeune public.

Fort de ses études de marché, Mattel Inc. a d'emblée chiffré à 200 millions de dollars ses bénéfices interactifs d'ici à mi-1988. Un pari sur l'espace-temps. Cette compagnie déjà responsable de l'invasion des « Maîtres de l'Univers » n'est pas la seule à se lancer ainsi dans l'aventure spatio-temporelle. D'autres fabricants comptent sur elle pour redonner vigueur à une industrie du jouet dont les ventes n'ont progressé que de 5 % en 1986 pour se situer autour de 12,5 milliards de dollars (plus de 75 milliards de francs).

Année-lumière

Ainsi, le « Captain Power » de Mattel aura fort à faire avec la « Tech Force » et ses « Moto-Monsters », les prototypes rivaux signés Axlon, la compagnie de

jouets du fondateur d'Atari. Cette fois, ce seront des robots manipulés par des enfants, qui échangeront des tirs galactiques avec les personnages d'un dessin animé, prévu également pour l'automne prochain. Avis aux infortunés amateurs : il faudra compter la bagatelle de 250 dollars pour un jeu complet, comprenant : deux héros du bien, deux génies du mal et le tableau de commandes électroniques. Dernier concurrent, les cow-boys de l'espace nés dans les studios des « World Events Productions of St-Louis » qui remettent la conquête de l'Ouest au goût du jour.

Ces jouets futuristes ne sont pas encore commercialisés que déjà la tempête gronde chez ceux qui dénonçaient les méfaits de la télévision. Certains comme Thomas Radecki, président de la « National Coalition on Television Violence », y voit un apprentissage sans équivoque à la guerre. D'autres, l'Académie des pédiatres américains ou l'Association de surveillance des programmes pour enfants, y détectent un appel publicitaire sans vergogne. D'autres encore, parents et médecins, redoutent l'overdose de télévision... A en croire les fabricants, c'est l'imagination, la créativité, la vivacité d'esprit et de geste qui s'en trouveront stimulées.

Alors, après les livres interactifs, ces « livres dont vous êtes le héros » qui ont bouleversé les règles d'or de l'édition pour enfants l'an dernier, après les vidéo-disques du cinéma interactif et ses scénarios à options, voilà venu le temps des superhéros interactifs. Une première génération qu'activent à distance des rayons infrarouges, opposant *BraveStarr* le vaillant shérif du Nouveau Texas à l'ignoble Tex-Ex, le dalton de l'espace, donneront dès mars aux petits Français un avant-goût de la chose. Pour le reste, il faudra attendre une autre année-lumière.

Valérie DUPONCHELLE.

Check list   *Language to use*

boulimie	il suffit de ...
jeu à part entière	penser à quelque chose
à mi-chemin de	nul doute que ...
clou	d'autres encore
détente	à en croire
ladite	pour le reste
d'emblée	
sans équivoque	
vergogne	

1 Why are parents and psychologists likely to welcome the new toys?
2 Exactly where have many French toy manufacturers gone and why?
3 What will children do with the Captain Power space ships?
4 What is to be shown on television next Autumn to encourage the use of Mattel toys and when will it be shown?
5 What exactly will take place during these programmes?
6 Why do toy manufacturers need to boost their sales?
7 Who are Mattel's main competitors and what will children do with their toys?
8 What might deter some people from buying the toys?
9 What three criticisms are already being made of the toys?
10 How would the manufacturers rebut this criticism?
11 How might children have already experienced the 'interactive'?
12 When will the toys be on sale in France?
13 Translate the third paragraph.

Speaking 2

Study this page from the television magazine *Télé 7 Jours*, then be prepared both to answer the specific questions asked and to discuss the various issues raised.

20.05

UNE SÉRIE DE COURTS MÉTRAGES DE WALT DISNEY

LE DISNEY CHANNEL

77

DIRECTION ARTISTIQUE DE GÉRARD JOURD'HUI

LES AVENTURES DE WINNIE L'OURSON
PRESENTATION DE JEAN ROCHEFORT
TIGROU LE MALADROIT
Tigrou casse tout chez ses amis, à cause de sa maladresse. Or, maître Hibou veut montrer sa collection de porcelaines...
20.35 DTV
Sheb Wooley : *Purple people eater*
20.40 BON WEEK-END MICKEY !
PLUTO ET L'ARMADILLO
Au Brésil, au bord de l'Amazone, Pluto rencontre un étrange petit animal...
LES TROIS PETITS LOUPS
Deux petits cochons ne veulent que s'amuser alors

Les amis de Winnie enfin réunis

que leur frère pense à les protéger du loup...
21.00 ZORRO
LE GAI CHEVALIER

Estevan de La Cruz, le beau-frère d'Alejandro, arrive à Los Angeles. Il insiste pour que De La Vega

donne une réception en son honneur...
21.15 DONALD DUCK PRÉSENTE
LA ROULOTTE DE DONALD
A leur réveil, les écureuils Tic et Tac découvrent des traces de pas qu'ils suivent...
21.25 DTV
Leo Sayer : *You make me feel like dancing*
21.30 DAVY CROCKETT
DANS LE REPAIRE DES PIRATES
Le colonel Plug, persuadé que le bateau de Crockett transporte de l'or, avertit les pirates...
21.45 DTV
Richard Thompson : *Two left feet*

1 Combien de temps est-ce que cette émission dure?
2 Pouvez-vous expliquer ce que c'est qu'un *court métrage*?
3 Qu'est-ce qui va probablement se passer dans cette aventure de Winnie l'Ourson?
4 Dans *La Roulotte de Donald* il s'agit d'écureuils. C'est quelle sorte d'animal, un écureuil?
5 Aimez-vous les dessins animés de Walt Disney? Pourquoi sont-ils si populaires? Et les dessins animés en général?

Speaking 3

Study this item from *France-Soir*, then be prepared both to answer the specific questions asked and to discuss the various issues raised.

LA COTE «FRANCE-SOIR»

« France-Soir » a confié à la société Konso France le soin d'interroger, chaque soir, vers 21 heures, trois cents familles des régions de France, à qui il est posé deux questions : « Que regardez-vous à la télévision (TF1, A2, FR3) ? » et : « Quelle note, de 0 à 20, attribuez-vous à l'émission que vous suivez ? » Les réponses permettent d'obtenir une indication sur les tendances des téléspectateurs français à une heure de grande écoute.

SAMEDI		DIMANCHE	
25% ont regardé « Interglace » à Briançon *(Indice de satisfaction : 13/20)*		**51%** ont regardé « Mort d'un pourri » *(Indice de satisfaction : 14/20)*	
34% ont regardé « Champs-Elysées » *(Indice de satisfaction : 14/20)*		**16%** ont regardé « Les Enquêtes du commissaire Maigret » *(Indice de satisfaction : 13/20)*	
6% ont regardé « Disney Channel » *(Indice de satisfaction non précisé)*		**2%** ont regardé « Les Géants de la musique » *(Indice de satisfaction non précisé)*	
Les autres chaînes **12%** ont regardé des programmes divers		**Les autres chaînes** **6%** ont regardé des programmes divers	
23% ne regardaient aucune chaîne		**25%** ne regardaient aucune chaîne	

1 Qu'est-ce qu'on cherchait à savoir par ce sondage?
2 Qu'entendez-vous par une 'heure de grande écoute'?
3 Pourquoi est-ce que 21h est une heure de grande écoute, pensez-vous?
4 Quelles sont les trois principales chaînes de télévision françaises?
5 Quelle est la chaîne (**a**) la plus populaire? (**b**) la moins populaire? Pourquoi dites-vous ça?
6 Quel est le pourcentage de personnes interrogées qui a regardé la télévision (**a**) le samedi? (**b**) le dimanche?
7 Quelle sorte de programme est-ce qu'on aime (**a**) le plus? (**b**) le moins?
8 Quelles sortes de programmes de télévision aimez-vous (**a**) beaucoup? (**b**) pas du tout? Expliquez votre attitude.

Sujets à discuter

L'influence de la télévision sur les jeunes.

La violence à la télévision.

Les programmes étrangers à la télévision française.

L'avenir de la télévision.

La télévision et l'informatique.

Further vocabulary

un annonceur	le présentateur
une annonceuse	la présentatrice
une antenne	la redevance
une chaîne	le son
flou(e)	un speaker
une image	une speakerine
le journaliste	la télécommande
le petit écran	un téléviseur
un poste de télévision	

Section 3

Radio

Un sondage réalisé en 1983 a révélé que plus de deux Français sur trois passent au moins un quart d'heure par jour à écouter la radio. Ils l'écoutent surtout le matin en travaillant, en voyageant ou en exerçant toute autre activité.

On peut écouter un des réseaux nationaux de RADIO FRANCE comme
FRANCE INTER   qui émet des variétés, des chansons, des jeux et des informations ou
FRANCE CULTURE qui émet des programmes culturels et éducatifs ou
FRANCE MUSIQUE qui émet de la musique classique
– ou on peut écouter un des grands postes privés qui vivent de la publicité comme EUROPE 1 ou RTL (Radio Luxembourg) ou RMC (Radio Monte Carlo) ou d'autres postes situés aux frontières de la France. On peut enfin écouter toutes sortes d'émissions et de la publicité sur plus de mille radios locales privées.

Reading 6

Read this passage about a new type of radio, then answer the questions which follow.

ÉCOUTONS SOUS LA PLUIE

Ecouter de la musique sous la pluie ou sous la douche, c'est la nouvelle manie branchée... Après le Walkman étanche, voici le récepteur radio qui fonctionne même sous des trombes d'eau. Il dispose de deux gammes d'ondes (GO et FM), d'une antenne intégrée et d'un réglage de tonalité. Petite taille pour se caser dans une poche ou au fond d'un cartable, et petit prix. Sony annonce pour fin septembre son propre modèle, l'ICF 976, avec trois gammes d'ondes. Attention : ils ne flottent pas. *Subaquatic TR 5 600 : 230 F environ. Sony ICF : 490 F environ — Dans les magasins spécialisés.*

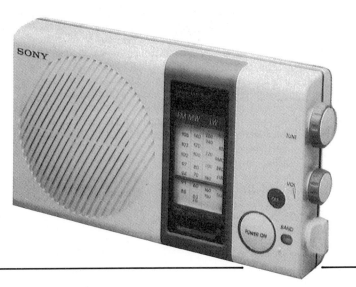

Check list

manie
branchée
se caser

1 What is new about this radio?
2 What technical details are given about it?
3 How can its size be an advantage?
4 What humorous note do they add at the end?

Reading 7

Read this passage about the radio station *Europe 2*, then answer the questions which follow.

Après Europe 1, Europe 2

La station périphérique prépare un programme spécifique destiné aux radios locales privées.

Europe 1 veut diversifier ses activités radiophoniques. Après avoir obtenu le droit d'émettre en modulation de fréquence, la direction de la station périphérique a décidé de passer à un régime supérieur. Très prochainement, Europe 1 va mettre à l'essai un programme mariant musique et informations destiné aux radios locales privées (R.L.P.) : « Europe 2 ».

Ce projet va permettre à Europe 1 de trouver un nouveau terrain d'action. Il est issu d'une longue réflexion sur la loi concernant la communication audiovisuelle. Selon les modalités de ce texte, la station n'a pas le droit de lancer, comme il en avait été question, une nouvelle radio en modulation de fréquence, jumelle d'Europe 1. Pour cette raison, la direction de la station s'est mise à bâtir le concept d'Europe 2.

**Frank Ténot,
P.-D. G. d'Europe 1.**

« Il s'agit d'envoyer aux radios locales privées, par le satellite Télécom 1, un programme à dominante musicale avec des flashes d'information, ciblé sur les adultes de dix-huit à quarante ans, explique Frank Ténot, P.-D.G. d'Europe 1. Ce programme, baptisé Europe 2, ne sera pas celui de la radio Europe 1. Il permettra aux R.L.P. des décrochages régionaux pour passer informations et publicités locales. Nous ne rachetons ni ne franchisons aucune R.L.P. Europe 2 sera, gratuitement, fourni aux stations que nous aurons sélectionnées. Elles ne paieront que les frais de transmission par satellite. Sur Europe 2, nous diffuserons de la publicité nationale. Les annonces locales dépendront de chaque R.L.P. Le produit leur en reviendra. »

Les stations locales devront retransmettre, c'est la principale obligation, Europe 2 aux heures de grande écoute. Pour les décrochages régionaux, deux formules paraissent envisagées, accordant, selon les contrats passés avec Europe 1, de plus ou moins grandes plages horaires laissées à la disposition des R.L.P. Premières visées par Europe 2 : les radios locales appartenant à des quotidiens régionaux.

La direction d'Europe 1 a déjà proposé Europe 2 à plusieurs R.L.P., qui se sont montrées intéressées. Cependant, il faudra sélectionner les stations. Sur une même zone, deux R.L.P. ne peuvent être affiliées à Europe 2. Enfin, le choix sera opéré en fonction de l'audience, de la notoriété et du potentiel technique des stations.

La mise en route d'Europe 2 sera progressive. Un dossier explicatif a été rédigé à l'intention des R.L.P. « Europe 2 ne constituera pas un second réseau, ajoute Frank Ténot, mais un service de production et de fourniture de programmes. » L'ambition est de gagner un million d'auditeurs pour qu'Europe 2 se révèle viable. « Si Europe 2 marche, affirme Frank Ténot, je réfléchirai à lancer Europe 3. »

Philippe CUSIN.

Check list	*Language to use*
périphérique	comme il en avait été question
en modulation de fréquence	pour cette raison
prochainement	
mettre à l'essai	
modalités	
ciblé sur	
heures de grande écoute	
décrochage	

1 What will be the content of the programme Europe 2 is going to transmit?
2 Why has Europe 1 had to devise this kind of programme?
3 At what kind of audience is Europe 2 aimed?
4 What will Europe 2 cost the local radio stations?
5 How will local radio stations transmitting Europe 2 continue to satisfy local demands?
6 What restriction will Europe 2 impose on local radio stations?
7 In which local radio stations is Europe 2 most interested?
8 Translate the last two paragraphs.

Speaking 4

Study the advertisement opposite for the radio station *France Culture*, then be prepared both to answer the specific questions asked and to discuss the various issues raised.

1 Pourquoi la dame tient-elle un poste de radio dans sa main droite?
2 Qu'est-ce qu'elle a dans sa main gauche?
3 Qui est-ce qu'elle représente? Essayez d'expliquer pourquoi.
4 D'après cette page, qu'est-ce que l'auditeur gagnera à écouter des programmes à *France Culture*?
5 Qu'est-ce que vous entendez par des 'idées toutes faites'?
6 Pourquoi est-ce qu'on parle ici de 'barrières'?
7 Croyez-vous que la plupart des Français écoutent souvent *France Culture*? Sinon, pourquoi?
8 Qu'est-ce que vous aimez écouter à la radio?

La culture sans barrières.

Un vent de liberté souffle sur la grille des programmes de France Culture. Toutes les tendances y sont représentées, les sujets les plus divers et les plus inattendus abordés sans préjugés.

Les convictions des uns et des autres s'expriment, s'entrecroisent, s'entrechoquent. Vous voilà au cœur de la mêlée des idées, de la vie ! Du "Panorama" à "Répliques", du "Grand débat" à "La Nuit sur un plateau", vous suivez avec délice le heurt et le dialogue des convictions les plus contrastées : traditionalistes et modernistes, révolutionnaires et conservateurs, croyants et sceptiques vous attendent.

Pas de risque avec eux de céder aux idées toutes faites !

Avec France . Culture, refaites-vous une tête. Passez de l'autre côté de la barrière, vous êtes libre ! Avec France Culture, c'est comme ça tous les jours, 24 h sur 24 : le plaisir vient en tête.

HARMONY

France Culture. Le plaisir en tête.

FRANCE Culture
MODULATION DE FREQUENCE

Sujets à discuter

Les jeunes et la radio.

Les raisons pour lesquelles la télévision n'a pas fait disparaître la radio.

La publicité à la radio.

Further vocabulary

allumer/ouvrir la radio	les ondes courtes
augmenter/baisser le volume	les ondes longues
un émetteur	les ondes moyennes
la fréquence	régler (sur)
le haut-parleur	une station émettrice
l'interférence (f)	la stéréo
se mettre à l'écoute	tourner le bouton
le micro	

FRANÇOISE GIROUD

Françoise Giroud a dirigé pendant sept ans la rédaction du magazine Elle *(1945–1953) et elle a fondé en 1953 avec Jean-Jacques Servan-Schreiber l'hebdomadaire* L'Express *qu'elle a dirigé jusqu'en 1974.*

De 1974 à 1976 Françoise Giroud a été Secrétaire d'Etat à la Condition Féminine, puis Secrétaire d'Etat à la Culture dans le gouvernement de Raymond Barre (1976–1977).

Elle a écrit plusieurs livres: La Comédie du pouvoir *(1977)*, Ce que je crois *(1978)*, Une Femme honorable *(1981) – une biographie de Marie Curie – et un roman* Le Bon plaisir *qui a été porté à l'écran par Francis Girod, sur une adaptation et des dialogues de l'auteur elle-même.*

Listening 1

Listen to FRANÇOISE GIROUD talking about the French press and then answer the questions.

1 What historical reason is given for the problems of French journalists?
2 How does French journalism differ from English and American journalism?
3 Why have things changed in recent years?
4 What does Françoise Giroud think the journalist's role should be?
5 Why does the French public not agree with this?

Check list

plaie
régime
faire du journalisme
dénoncer
sensible (à)

Language to use

il y a pour cela une raison
je le regrette
Dieu merci

Listening 2

Listen to FRANÇOISE GIROUD talking about the relative popularity of magazines and newspapers. What two reasons does she suggest for the increasing popularity of magazines?

Check list

se répandre
baisse
quotidiens
portage
faire porter à domicile

Language to use

une explication à cela
c'est le seul moyen de ...
comme on le fait ...

CHRISTINE OCKRENT

Christine Ockrent, qui est journaliste et présentatrice à la télévision, est une des femmes les mieux connues de France.

Après trois ans et demi de succès à Antenne 2 elle a commencé en 1985 à travailler pour la première chaîne, TF1. Elle présente tous les mois à l'heure de plus grande écoute, une émission sérieuse qui traite un sujet d'actualité et qui dure une heure et demie. Christine Ockrent présente son programme en direct en se servant de toutes les techniques modernes de la télévision telles que les reportages par satellite.

La veille de l'interview que vous allez entendre elle avait elle-même interviewé le Premier Ministre, Jacques Chirac, pour une émission du Monde en face.

Depuis notre interview Christine Ockrent a quitté son poste de Directeur Général Adjoint à TF1 pour rejoindre Antenne 2.

Listening 3

Listen to CHRISTINE OCKRENT talking about television in France and then answer the questions.

1 Why does Christine Ockrent think that opinion polls are not always a reliable source of information?
2 What, is it suggested, might cause a revolution in France?
3 What recent changes have there been in the numbers of TV channels available in France?
4 What criticism does Christine Ockrent make of those channels?
5 What does she find strange about French viewing habits?
6 What changes in programmes does she advocate?
7 What restrictions would she like to see on television advertising?
8 What does she think of the public's attitude to advertising on television?

Check list	*Language to use*
hypocrisie	en général
coquetterie	être au pied du mur
manifester	d'un extrême à l'autre
décalage	à force de
comportement	c'est tout à fait paradoxal
à péage	en moyenne
aboutir	dans les années qui viennent
paysage audiovisuel	

Listening 4

Listen to CHRISTINE OCKRENT talking about the future of radio and then answer the questions.

1 How does radio in France compare with that in similar countries?
2 What two kinds of radio are multiplying?
3 What new programmes does Paris receive?
4 What do you think Christine Ockrent means when she talks about the flexibility of radio?

Check list	*Language to use*
puissant	ce qui n'est pas le cas
radio longues-ondes	il y a là aussi . . .
prolifération	
radio ciblée	
coller	

Listening 5

Listen to ALAIN DECAUX talking about the influence of television on the young. In what ways does he think it is a good influence and in what ways a bad influence? How far do you agree with him?

Check list	*Language to use*
réponse de Normand	exercer une influence
rentrée	le côté positif
s'abrutir	le côté négatif
papillonnant	
préjudiciable	
épanouissement	
s'élever (contre)	

Listening 6

Listen to SIMON EINE talking about television. Do you think that his view is a less balanced one than that of Alain Decaux or are you in agreement with him?

Check list	*Language to use*
catastrophe	on ne sait pas s'en servir
engin	
outil	
crier au secours	
nul	
désastre	

UNIT 7
Minority groups and their problems

Dans un certain sens tout le monde appartient à un groupe minoritaire:
les joueurs de golf, ceux qui parlent quatre langues étrangères, les
bouddhistes, les chirurgiens, sont tous des minorités. Mais ce sont des
minorités pour ainsi dire sans problèmes, tandis que d'autres minorités,
même si elles sont très nombreuses – les handicapés, les chômeurs, les
toxicomanes, les bagnards, les indigents, les Maghrébins, par exemple –
ont la vie difficile et posent de grands problèmes à la société française.

Prenons l'exemple des handicapés physiques: ils sont au nombre de
six millions. Quant aux handicapés mentaux, on en compte 1 300 000,
dont 75% ont moins de 20 ans. En principe tout le monde éprouve de la
sympathie pour les handicapés; n'empêche que certains sont mal traités,
voire persécutés, tel l'handicapé mental aveugle de dix-sept ans qui,
avec ses parents, fut chassé d'un appartement de vacances en 1987 parce
que les voisins ne voulaient pas voir de telles choses en vacances.

Prenons l'exemple des prisons: depuis 1978 la justice est de plus en
plus sévère avec les criminels et la population carcérale a augmenté de
20%; en janvier 1986 il y avait 42 617 détenus en France. Mais
officiellement il n'y avait que 31 000 places dans les prisons. D'ailleurs
la punition de ces criminels ne s'achève pas à leur sortie de prison, car le
chômage les attend souvent dehors et aujourd'hui un travailleur sur
trois – qu'il ait été condamné ou non – a déjà connu le chômage.

Si un Français sur dix ne dispose pas d'un revenu suffisant pour vivre
décemment, il y a tout de même beaucoup de Français qui ont une vie
très confortable; on constate depuis 1958 une croissance réelle et
ininterrompue du niveau de vie. Mais cela effraie les gens qui ont peur
de tout perdre, et l'essor récent du taux de chômage lié à des problèmes
sociaux tels que la délinquance fait rechercher aux gens des boucs
émissaires.

Ils n'ont pas besoin de chercher bien loin; la présence en France d'un
grand nombre d'étrangers est pour certains la source de tous les maux.
Pourtant la proportion d'étrangers (7% de la population totale) est restée
stable depuis 1931. Ce qui a changé, c'est la composition de cette population étrangère; depuis 1954 la plupart des nouveaux immigrants sont
d'origine maghrébine. La peur et l'insécurité se traduisent donc par la
xénophobie et le racisme. Ce phénomène n'est ni nouveau ni particulièrement français, mais il constitue un véritable fléau pour un pays qui
promet à tous liberté, égalité et fraternité.

Reading **1**

Read this passage about a camp site that was closed because it was being used by 'travellers', then answer the questions which follow.

Cohabitation difficile entre campeurs et nomades
Le maire de Sées ferme le camping

Dérangeante présence au camping de Sées... Indésirables : des gens du voyage, trop nombreux au goût des vacanciers et touristes de passage. Réponse du maire aux plaintes déposées : un arrêté de fermeture du camping jusqu'à la fin de la saison. Une mesure légale, radicale, et particulièrement sélective.

Depuis hier, 13 h, le camping de Sées est fermé. Chaque année à pareille époque, le problème de la présence dérangeante des nomades se posait. Cette fois, le maire, André Dubuisson, a coupé court : jusqu'à la fin de la saison, le terrain restera mort.

Présence indésirable

Cohabitation difficile ? Sans aucun doute... Profitant de l'absence des gardiens dans l'heure de midi, quelque 25 voitures et caravanes abritant près de 80 personnes se sont installés, vendredi dernier, dans le camping. Avec des poules, des poneys et des chiens... Une présence indésirable au point que les plaintes ont afflué à la mairie et au syndicat d'initiative. Certains campeurs ont même déserté les lieux.

Durant la saison, la gendarmerie a dû intervenir à plusieurs reprises sur le terrain où des vols avaient été signalés. Invoquant la présence massive de nomades, un éditeur anglais avait annoncé, en juillet à la mairie, que le camping ne figurerait plus dans un guide touristique britannique. Une décision d'autant plus regrettable que Sées est une étape privilégiée pour les touristes de passage et notamment les Anglais. Pour André Dubuisson, il n'était plus possible d'accepter la détérioration du camping et le mécontentement des touristes : **« Il est désolant de ne plus offrir de terrain aux vacanciers mais cette mesure s'imposait »**.

Pas d'expulsion

La fermeture du camping ? Une décision parfaitement légale. Les derniers occupants se sont vus signifier l'obligation de quitter les lieux. Il n'y a pas eu d'expulsion, seulement quelques réactions de nomades indignés par la quête d'un nouvel asile.

Selon les termes de la loi, une commune ne peut refuser

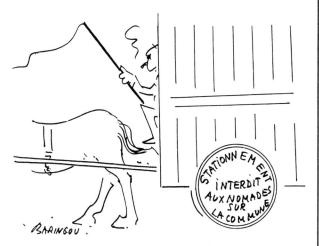

l'accès de son camping aux gens du voyage dans la mesure où une aire de stationnement ne leur est pas destinée. Il est clair qu'aucune ségrégation n'a été faite à l'entrée du terrain. Il a simplement été fermé. Solution radicale, s'il en est.

L'affaire fait en tout cas grand bruit à Sées. L'opposition municipale conteste cette fermeture : **« La ville a fait beaucoup de frais pour aménager** un nouveau bloc sanitaire.

Fermer le terrain c'est un manque à gagner regrettable très important à l'heure où s'effectuent les retours de vacances » affirme M. Pelletier, leader de l'opposition municipale. **« C'est une mesure d'exclusive. Le maire ne veut pas de nomades à Sées. Il existe suffisamment de terrains à Sées pour trouver un emplacement pour les gens du voyage »**.

Check list

		Language to use
nomades	couper court	à pareille époque
gens du voyage	s'imposer	à plusieurs reprises
plaintes	asile	d'autant plus ... que ...
arrêté	frais	faire grand bruit

1 What kind of campers complained about the travellers?
2 To whom did they complain?
3 What indication is there that this is not a new problem?
4 For how long is the camp site to remain closed?
5 Why did the travellers choose to arrive at lunchtime?
6 What problem had previously arisen for which the travellers were blamed?
7 What international repercussions have there been?
8 What legal rights do travellers have with regard to municipal camp sites in France?
9 On what economic grounds is the Mayor criticised?
10 What other argument is used to criticise the Mayor?

Reading 2

Read the passage opposite about racism and the *Front National*, and then answer the questions which follow.

Check list

mode
au chômage
tisser
légionnaire
ancien OAS
moment fort
la Canebière
beur
comportement
logorrhée

Language to use

avoir du mal à . . .
sous un jour nouveau

1 What did Anne Tristan do?
2 What were her reasons for doing this?
3 How did she describe herself to the people she mixed with?
4 What specifically did these people blame on the Arabs?
5 Describe the change that she saw come over Véronique.
6 In what way did the people she was with show their contempt for the Arabs?
7 Who was 'the poet', what did he do, and why?
8 In what way does Anne Tristan now feel confused?

Le racisme obsessionnel

Le récit d'une jeune journaliste qui est « entrée dans la peau » d'une militante du Front national.

Anne Tristan, vingt-sept ans, journaliste parisienne, s'est transformée six mois durant en militante du Front national dans un quartier populaire de Marseille, pour décrire, sur un mode dépassionné mais très vivant, les motivations, les réactions, les conversations et « *le racisme obsessionnel* », presque systématiquement « *anti-arabe* » de ses compagnons.

Paru aux éditions Gallimard, *Au Front* raconte comment Anne G., qui se présente comme dactylo au chômage, a tissé des liens étroits avec les militants — Albert le boucher, Dewaert, le poète-légionnaire d'origine belge, Alessandro, l'ancien OAS récemment libéré, mais aussi « *les punkettes proprettes et sombres à la fois* » et les « *filles de famille en col roulé* » — au point de devenir la secrétaire administrative de la section du quinzième arrondissement.

Thérapie

Elle fait vivre, « *sans rajouts ni commentaires* » de multiples rencontres et aventures. « *La conversation n'a jamais de mal à démarrer* », explique-t-elle. Et, presque à chaque fois, il s'agit « *des Arabes* ». « *On y revient toujours. De tous les sujets, c'est celui qu'ils préfèrent. Les Arabes sont la cause de tous les maux ; les insultes fusent, les lamentations aussi : les abris-bus brisés, les cabines téléphoniques en panne, les portières des bus bloquées, tout ce matériel détruit, abîmé, c'est la faute aux Arabes.* »

Moment fort de cette expérience, la manifestation sur la Canebière, le 4 avril, où une militante, Véronique, lui apparaît sous un jour nouveau, lorsque les deux femmes passent devant un groupe de « *beurs* », sur le chemin du défilé.

« *Finies la bonhomie, la sympathie. L'insulte des Arabes, le racisme obsessionnel des discours, j'avais fini par croire qu'il s'agissait chez elle, comme chez les autres, d'une thérapie contre des blessures que je devinais.* » « *C'est fini, devant moi les visages sont tendus, transfigurés par la haine* », ajoute-t-elle.

Jean-Marie Le Pen et les dirigeants du Front national apparaissent très rarement dans le récit qui relate exclusivement les comportements des militants. « *A chaque fois, la même logorrhée. Des* « *ils* » *invisibles, menaçants, surgissent de tous côtés. Mes compagnons daignent rarement appeler les Arabes par leur nom. Quand ils les croisent dans la rue, ils font mine de ne pas les voir, ne les voient même pas. Comme si les immigrés, obsédants fantômes, vivaient derrière un écran, dans l'autre monde* », explique-t-elle.

« *Le délire raciste se nourrit d'abord aux sources de la vie courante. On se plaint des difficultés pour obtenir une aide sociale, des ravages de la petite délinquance. On cite les faits, parfois vrais, parfois faux* », relate Anne G. Ainsi, raconte-t-elle, le « *poète* » a assuré qu'il s'était « *fait naturaliser Arabe pour obtenir une aide sociale* ».

Pour l'auteur, cette aventure est aussi une épreuve marquante de sa vie : « *Ce soir, l'écran invisible qui sépare ces Français des Arabes est plus épais que jamais, et je ne sais plus de quel côté je suis* », explique-t-elle.

Reading 3

Read the article opposite from *Ouest-France*, then answer the questions which follow.

Check list

passer à tabac
saccages
excédé
xénophobie
révélateur
semblable
mousse
amarres
bardé

Language to use

On s'en explique mal les raisons.
maître à penser
par ailleurs
cela signifie que . . .
sans relâche
ce n'est pas évident
qu'on le veuille ou non
désormais
Mieux vaut . . .

1 State briefly what happened in Châteauroux, Abbeville, Paris, Le Cannet-Plage and Nice.
2 What puzzles the Bishop of Châteauroux?
3 What other types of discrimination are cited?
4 Of what tendency does the writer see evidence?
5 What lesson did the cabin boy learn on his first voyage?
6 What is the writer's opinion of the cabin boy's logic?
7 What lessons should teachers draw from that example?
8 What difference is apparent between theory and practice?
9 What practical problem is faced by the café owner who is quoted?
10 Translate the last two paragraphs.

Racisme, égalité et différence

par François Régis Hutin

Châteauroux : cinq jeunes frappent plusieurs Maghrébins. Abbeville : un auto-stoppeur, également Maghrébin d'origine, est passé à tabac par trois automobilistes. Paris : saccages dans un immeuble habité par des immigrés. Le Cannet-Plage : trois vendeurs ambulants africains sont battus ; leurs agresseurs déclarent : **« On n'aime pas les Noirs ! »** Début juin, six jeunes niçois assassinent un Tunisien.

Curieuse série, en vérité. On s'en explique mal les raisons. L'évêque de Châteauroux, Mgr Plateau, s'interroge : **« On se demande vraiment où ces jeunes ont pris cela ? Quel est leur maître à penser ? »** Par ailleurs, on apprend la fermeture d'un camping où avaient élu domicile des gens du voyage trop nombreux au goût des vacanciers et touristes de passage. Dans un registre qui semble différent, on constate l'exclusion d'un groupe de handicapés du camping où ils avaient retenu leur place ; une famille ayant un enfant handicapé a été mise à la porte de sa location parce que les voisins étaient excédés de son comportement...

Des faits comme ceux-là finissent par attirer l'attention. Poussée de racisme ? Mais qu'est-ce que le racisme ? Simple xénophobie ? Mais de quel nom appeler le rejet du handicapé ? On pourrait discuter de tout cela à perte de vue. Une chose est certaine : ces gestes sont révélateurs du rejet de l'autre lorsqu'il n'est pas semblable.

Au cours de son premier voyage, un mousse embarqué sur un cargo s'en prit un jour avec violence aux canotiers égyptiens embarqués durant la traversée du canal de Suez pour porter à terre les amarres du navire. Interrogé sur son geste, il déclara : **« J'ai appris à l'école que tous les hommes sont égaux. Je vois que ce n'est pas vrai, puisque ceux-là ne sont pas pareils que nous ! »** On lui avait enseigné que tous les hommes étaient égaux : il avait compris que tous les hommes étaient pareils ; découvrant la différence, il rejetait l'égalité.

Réagir immédiatement

Une telle confusion est certainement plus fréquente qu'on ne le pense. Bien sûr, elle n'excuse pas ces comportements et n'explique pas tout. Elle devrait, cependant, être soigneusement prise en considération pour éviter de tels errements. Cela signifie qu'il faut, surtout en ce domaine, non seulement expliquer sans relâche, mais encore s'assurer que l'explication soit comprise. Or, ce n'est pas évident. Le langage populaire ne dit-il pas qu'il faut traiter correctement son semblable ? Mais l'autre homme n'est pas toujours semblable ; pourtant, ne faut-il pas le traiter bien ? C'est un long chemin qui a conduit l'homme à reconnaître l'autre comme un égal, même lorsqu'il est différent.

Certes, il est plus facile de parler de ces choses que de les vivre. Même lorsqu'on est bardé de bonnes intentions, le voisin dérangeant est difficile à supporter. Les bonnes paroles d'encouragement et d'apaisement, distribuées par celui qui n'est pas impliqué, prouvent simplement qu'il est plus facile de dire que de subir. Là non plus, souvent **« les conseilleurs ne sont pas les payeurs. »**

Et puis, nous savons aussi que le racisme sert parfois d'alibi : **« Si je vide un Maghrébin de mon café, comme je le fais couramment d'un Européen,** dit un tenancier de bar, **je suis aussitôt accusé d'être raciste ! »**

Ce n'est donc pas simple et les choses iront sans doute en se compliquant encore. Qu'on le veuille ou non, notre société est et restera multiraciale. De plus, avec l'ouverture des frontières européennes en 1992, le nombre de non-Français installés en France croîtra sensiblement. Il est désormais impossible de se replier sur soi, de fermer les portes. Mieux vaut donc se préparer à accueillir, à dialoguer, à travailler ensemble, à vivre ensemble.

Il importe donc de ne pas laisser développer l'idée que la cause de nos difficultés, c'est un parasite, un gêneur, l'étranger et pourquoi pas, demain, le handicapé ? On sait où de telles attitudes ont conduit, dans le passé. Malgré les difficultés de ces problèmes qu'il ne faut surtout pas nier, il est donc essentiel de réagir immédiatement.

Speaking ▮ 1

Study the results of this opinion poll about racial attitudes, then be prepared both to answer the specific questions asked and to discuss the various issues raised.

LE POINT— SONDAGE IFOP / *LE POINT* — SONDAGE

▌ *E*t si cela ne dépendait que de vous, est-ce que vous rechercheriez, est-ce que vous éviteriez, ou bien est-ce que vous ne vous préoccuperiez pas du tout de chacune des situations suivantes ?

	rechercherait	éviterait	ne se préoccuperait pas	ne se prononcent pas
avoir un gendre juif ou une belle-fille juive	2	17	74	7
voter pour un député juif	3	13	75	9
avoir un patron juif	2	11	79	8
avoir un médecin juif	3	7	84	6
avoir un gendre ou une belle-fille d'origine asiatique	2	25	67	6
voter pour un député d'origine asiatique	2	21	68	9
avoir un patron d'origine asiatique	2	13	77	8
avoir un médecin d'origine asiatique	3	11	79	7
avoir un gendre ou une belle-fille d'origine arabe	1	45	47	7
voter pour un député d'origine arabe	1	31	59	9
avoir un patron d'origine arabe	1	31	59	9
avoir un médecin d'origine arabe	1	27	65	7

1 De quoi s'agit-il dans ce sondage?

2 Pour ce sondage, quelles races a-t-on choisi de considérer?

3 Contre quelle race semble-t-il y avoir le plus de préjugés?

4 Qu'est-ce qui semble préoccuper le moins les gens?

5 Comment expliquez-vous cette différence?

6 Expliquez les mots *gendre* et *belle-fille*.

7 Il y a très peu de gens qui éviteraient d'avoir un médecin juif, mais par contre beaucoup qui ne voudraient pas que leur gendre ou leur belle-fille soit juif. Pourquoi?

8 Est-ce qu'il y a des réponses que vous trouvez (**a**) intéressantes? (**b**) surprenantes? (**c**) choquantes? Expliquez votre attitude.

9 Comment auriez-vous répondu à ces questions?

Speaking 2

Study this advertisement, then be prepared both to answer the specific questions asked and to discuss the issues raised.

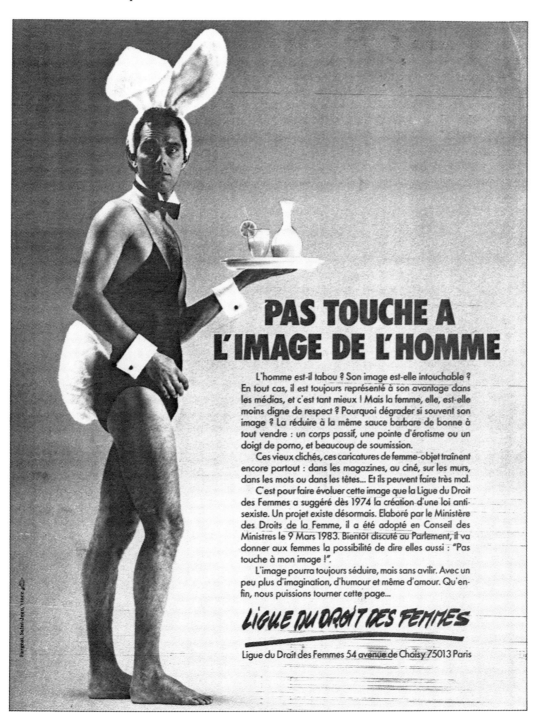

PAS TOUCHE A L'IMAGE DE L'HOMME

L'homme est-il tabou ? Son image est-elle intouchable ? En tout cas, il est toujours représenté à son avantage dans les médias, et c'est tant mieux ! Mais la femme, elle, est-elle moins digne de respect ? Pourquoi dégrader si souvent son image ? La réduire à la même sauce barbare de bonne à tout vendre : un corps passif, une pointe d'érotisme ou un doigt de porno, et beaucoup de soumission.

Ces vieux clichés, ces caricatures de femme-objet traînent encore partout : dans les magazines, au ciné, sur les murs, dans les mots ou dans les têtes... Et ils peuvent faire très mal.

C'est pour faire évoluer cette image que la Ligue du Droit des Femmes a suggéré dès 1974 la création d'une loi anti-sexiste. Un projet existe désormais. Elaboré par le Ministère des Droits de la Femme, il a été adopté en Conseil des Ministres le 9 Mars 1983. Bientôt discuté au Parlement, il va donner aux femmes la possibilité de dire elles aussi : "Pas touche à mon image !".

L'image pourra toujours séduire, mais sans avilir. Avec un peu plus d'imagination, d'humour et même d'amour. Qu'enfin, nous puissions tourner cette page...

LIGUE DU DROIT DES FEMMES

Ligue du Droit des Femmes 54 avenue de Choisy 75013 Paris

1 A qui cette publicité s'adresse-t-elle?
2 De la part de qui?
3 Qu'est-ce que l'anti-sexisme?
4 Qu'est-ce que le gouvernement français a fait pour combattre le sexisme?
5 Que veut dire 'PAS TOUCHE A L'IMAGE DE L'HOMME'?
6 Expliquez l'ironie de ce titre.
7 Regardez l'image. Qu'est-ce qu'on essaie de suggérer?
8 Qu'est-ce que vous en pensez?
9 Est-ce que cette publicité est efficace, pensez-vous?
10 Selon vous, est-ce que le sexisme est plus ou moins grave que le racisme? Expliquez vos raisons.

Sujets à discuter

Qu'est-ce qu'on devrait faire pour résoudre les problèmes des nomades?

'C'est à l'école qu'on devrait combattre le racisme et le sexisme.'

Est-ce que la presence dans une société d'un grand nombre d'immigrés présente forcément des problèmes, ou est-ce plutôt une bonne perspective d'avenir?

Choisissez n'importe quel groupe minoritaire; examinez ses problèmes et proposez des solutions éventuelles.

Further vocabulary

l'animosité (f)	l'insécurité (f)
un bouc émissaire	légitime
chauvin	la liberté
le chauvinisme	la main d'œuvre
la classe ouvrière	la mentalité
la classe sociale	une minorité raciale
le climat social	un motif
un compatriote	un obstacle
la crise	la population carcérale
un détenu	le pouvoir
un droit	la pratique religieuse
l'égalité (f)	un privilège
l'extrême droite (f)	le respect des convenances
un fléau	surmonter
l'hypocrisie (f)	le Tiers Monde
un(e) immigré(e)	

EMMANUEL BIJON

Emmanuel Bijon partage son temps entre ses études de droit et son travail à S.O.S. Racisme. Lui, qui veut devenir conseiller juridique, se sert de sa connaissance du droit pour défendre les victimes du racisme et il s'efforce de convaincre tous ceux qui veulent bien l'écouter de la justesse de sa cause.

Il nous a expliqué que S.O.S. Racisme a été fondé par HARLEM DESIR et ses amis en 1984 pour lutter contre le racisme en France et pour protester contre les paroles et les actions de JEAN-MARIE LE PEN et du Front National.

C'est en août 1987 que le jeune noir, Harlem Désir, qui est 'Français depuis Mathusalem', comme nous l'a affirmé le capitaine Gransart de l'Armée du Salut, a remporté un grand succès lors de sa première apparition télévisée en faveur de S.O.S. Racisme. Malgré son succès le bureau où nous avons interviewé Emmanuel Bijon est des plus simples. Les classeurs sont des planches de bois clouées au mur et recouvertes de morceaux d'étoffe. S.O.S. Racisme est un mouvement de jeunes gens qui, s'ils manquent de moyens financiers, sont en revanche pleins d'énergie, d'enthousiasme et de bonne volonté dans leur lutte pour aider les autres.

Listening 1

Listen to EMMANUEL BIJON talking about the work of S.O.S. Racisme, then answer the questions.

1 Who founded S.O.S. Racisme with Harlem Désir?
2 What was their particular aim in founding S.O.S. Racisme?
3 What kind of people had previously tried to do what S.O.S. Racisme wanted to do?
4 What beneficial effect on the public did the new organisation have?
5 What particular incident sparked off the founding of S.O.S. Racisme?
6 What point does Emmanuel Bijon think had been reached when S.O.S. Racisme was formed?

Check list	*Language to use*
dirigeant	jusqu'à présent
physionomie	mettre à la portée de ...
politisé	
courant	
déclic	
afficher	

Listening 2

Listen to EMMANUEL BIJON talking about whether young people in France are more or less racist than older people, then answer the questions.

1 What does Emmanuel Bijon give as the main reason why the young are less racist than older people?
2 On what occasion did young immigrants join forces with the French and why?
3 What activities does Emmanuel Bijon share with his immigrant friends?

Check list

défiler   un mec
être en jeu   faire une bouffe
côte à côte

Listening 3

Listen to what SIMONE VEIL has to say about racism, then try to summarise her views on the matter.

Check list   *Language to use*

xénophobe   c'est-à-dire
xénophobie   être différent de
hospitalier

Listening 4

Listen to what FRANÇOISE GIROUD has to say about racism and try to decide to what extent her views coincide with or differ from those of Simone Veil, then answer the questions.

1 What characterises the man who is referred to by Françoise Giroud as someone who exploits immigrants?
2 What suggestion does this man make about immigrants?
3 What does Françoise Giroud think about this suggestion?
4 In what ways is the immigrant population now different in composition and behaviour from what it was sixty years ago?

Check list

démagogie
taux de chômage
ne tient pas debout
se conduire
s'intégrer

Language to use

franchement
par conséquent
c'est plutôt une question de ...
en effet

Listening 5

YVETTE ROUDY was the third former government minister we asked about racism. Listen to what she says, then discuss the two incidents she recounts to illustrate attitudes to sexism and racism. How does she define sexism and racism? How does she think sexism and racism can be overcome?

Check list

atroce
pris à partie
voyou
passé à tabac
mépris

Language to use

cela ne suffit pas
il faut qu'il y ait ...
notamment
de la même façon
c'est une bonne chose

Listening 6

Listen to what JACQUES LEIBOWITCH has to say and compare his views on racism with those of Simone Veil and Françoise Giroud.

Check list

prestation   hybride
au niveau du verbe
du bout de la lèvre

Language to use

absolument   certes
profondément   en fait
néanmoins

UNIT 8
Music, literature and fine art in France

Section 1
Music

Si on sait que 37% des foyers français en 1985 étaient équipés d'une chaîne haute-fidélité et que vingt millions de Français possédaient un instrument de musique, on se rend compte que la musique occupe une place importante dans la vie des Français. En effet les activités musicales se sont multipliées depuis les années cinquante, grâce aux concerts, aux festivals, à l'enseignement dans les écoles et les conservatoires mais surtout grâce à la radio, à la télévision et aux disques. Aujourd'hui on écoute de la musique partout – à la maison, en voiture, même dans la rue avec son walkman.

On écoute toute sorte de musique y compris la musique classique qui représente 16% du nombre des disques achetés et la musique ancienne qui a été redécouverte il y a une dizaine d'années. On va au nouvel Opéra de Paris pour voir et y écouter les opéras.

Au cours du vingtième siècle on a créé une nouvelle musique, que ce soit la musique concrète, électronique ou programmée sur ordinateur, et depuis quelques années on développe des idées nouvelles à l'Institut de coordination acoustique/musique (IRCAM) au Centre Georges Pompidou à Paris.

En ce qui concerne la musique populaire on aime toujours les chansons à qualité des poètes comme Brassens, Brel, Barbara ou Ferré mais on apprécie aussi la chanson légère de Trenet, Sardou ou Mireille Matthieu.

La chanson régionale, le folk et le jazz ont tous leurs amateurs et les jeunes se passionnent pour la pop musique ou le rock, français ou anglo-américain.

A vrai dire 45% des disques achetés sont des variétés françaises et 20% seulement des variétés américaines. Les vedettes françaises telles que Julien Clerc, Jean-Jacques Goldman, le groupe Téléphone, etc., enregistrent des disques et des émissions pour la télévision et la radio. Ils se produisent aussi sur la scène de l'Olympia, du grand music-hall de Paris ou du Zénith et des petits Zéniths que l'on voit apparaître partout en France.

Reading 1

Read this passage about compact discs, then answer the questions which follow.

De toutes les musiques... jusqu'au copilotage électronique

La révolution du disque compact

Petit objet rond de douze centimètres de diamètre aux reflets irisés, le disque compact ou C.D. s'impose auprès du grand public au-delà des prévisions les plus optimistes. Et s'il entraîne essentiellement un nouveau rapport à la musique, la capacité de sa mémoire le destine à bien d'autres applications qui n'ont pas fini de nous surprendre.

Le système Carin... une sorte de futur copilote électronique.

PAR JEAN-MICHEL REUSSER

Dans l'histoire encore très récente de la diffusion du C.D., 1985 restera une année charnière car – on en est désormais certain – elle a marqué l'irréversible évolution de la lecture laser, donc du disque compact, aux dépens du traditionnel microsillon en vinyl (dont les beaux jours sont comptés). Si c'est au Japon que ce phénomène est le plus évident – les deux supports se partagent le marché à égalité – on sait qu'en France, les rayons spécialisés C.D. des magasins de disques ont été littéralement dévalisés pour les fêtes et que – particulièrement dans le domaine du classique – la recherche de certaines références prend parfois des allures de parcours du combattant.

Même son de cloche du côté des constructeurs de platines qui constatent tous une nette progression des ventes, la plus spectaculaire étant probablement celle de Philips (40 % du marché français) qui, grâce à une campagne de publicité subtilement associée au groupe de rock le plus populaire du moment (Dire Straits) a vu son parc passer de 100 000 à 185 000 appareils au cours du dernier trimestre 1985. Principal fabricant européen de platines à lecture laser, Philips – via sa filiale Polygram – est aussi le plus important producteur de C.D. et – signe des temps – son usine d'Allemagne tourne actuellement 24 heures sur 24 sans pour autant pouvoir satisfaire la demande.

Tendance irréversible donc, qui fait que tôt ou tard (entre 5 et 7 ans d'après les experts), le C.D. remplacera le vinyle, d'autant plus que les cadences de production augmentent, les coûts diminueront et ce qui est encore un luxe aujourd'hui (1) va progressivement devenir abordable. Si la technologie numérique donne un relief extraordinaire à la musique, son support se prête aux utilisations les plus inimaginables dès lors qu'il peut aussi servir de mémoire morte (fichier, bibliothèque...) et être adressable par ordinateur. Et si, dans le secret des laboratoires, les ingénieurs testent dès à présent le C.D. effaçable (qui pourrait, par exemple, remplacer la bande magnétique ou la disquette d'ordinateur), une des applications les plus spectaculaires de celui-ci dans la vie quotidienne est la mise au point par Philips du système Carin (2). Prévu à l'horizon 1988, Carin est – en résumé – une sorte de futur copilote électronique qui fera à la fois office de carte routière et de traceur d'itinéraire entre deux points donnés pour le conducteur. Sans attendre jusque-là, il est également question d'un C.D. combinant le son et l'image et la prochaine génération de lecteurs compatibles audio/vidéo est déjà annoncée. A l'heure actuelle, il est envisageable d'inclure le livret de votre opéra favori sur le même C.D. que celui-ci (lecture sur télévision) mais imaginez la musique de votre groupe favori accompagnée des clips vidéo correspondant, le tout en très haute fidélité.

111

Continued →

Le groupe Dire Straits...
un vecteur important de vente de platines laser.

Avantages

On les connaît, on nous les rabâche : le C.D. ne s'use pas (même si l'on s'en sert), le procédé de lecture élimine tout bruit de surface, le codage numérique autorise une dynamique maximale et le disque peut contenir jusqu'à soixante-dix minutes de musique, ce qui permet l'écoute d'œuvres dans leur continuité. D'après Jean-Claude Rocles (responsable de la promotion du C.D. chez Philips), « on constate que le phénomène de non-usure renforce le côté collectionneur de l'acheteur qui n'hésite plus à investir une certaine somme d'argent pour se procurer quelque chose qu'il conservera toute sa vie. Et, du fait de son indestructibilité, le C.D. prend un aspect précieux, voire magique qui fait que paradoxalement, on hésite à le prêter... ».

Si, jusqu'ici, c'est d'abord la musique classique qui a bénéficié de l'engouement du public pour le C.D. (Il faut avouer que se retrouver au milieu de l'Orchestre philharmonique de Berlin sans quitter son fauteuil est une sensation extraordinaire), le nombre de références disponibles dans tous les genres musicaux est de plus en plus grand et les sorties simultanées vinyle /C.D. (inauguré par Dire Straits avec « Brothers In Arms ») se généralisent.

Nouveau format, évolution technologique, il fallait bien qu'un musicien conçoive une œuvre spécifiquement adaptée au C.D. C'est chose faite et on ne s'étonnera pas de retrouver ici Brian Eno (l'auteur des « Music for Airports ») qui a créé l'an passé, une longue pièce continue de soixante et une minutes intitulée « Thursday Afternoon » (4) en utilisant au mieux les avantages du C.D. « Le disque compact permet une nouvelle approche de la composi-tion », dit-il, « de la même manière qu'à son époque, le 78 tours a défini le standard de trois minutes pour la chanson, le C.D. va certainement encourager les compositeurs à travailler sur des œuvres de durées beaucoup plus longues ». Et d'ajouter, non sans humour, qu'en plus il est possible d'intégrer le silence à la musique.

« Le vinyle du microsillon correspond en peinture à une copie d'original alors que le disque compact est l'original », déclare Mark Knopfler, guitariste de Dire Straits. Sponsoring oblige, on eût été étonné qu'il en dise du mal et en tout cas une chose est sûre : après avoir écouté de la musique en C.D., la réadaptation au vinyle n'est pas des plus agréables. Arme à double tranchant pour musiciens et techniciens, le C.D., du fait de sa perfection de reproduction, va rendre le plublic beaucoup plus exigeant car, quand la moindre nuance ne souffre d'aucune altération, le voyage au cœur du son prend une toute autre dimension et l'oreille perçoit l'infini détail, celui qui la flatte comme celui qui la dérange.

J.-M. R.

(1) *Prix moyen d'une platine : de 3 500 F à 4 000 F.*

(2) *Car Information et Navigation.*

(3) *Distribution Auvidis qui représente également en France le catalogue américain « Jazz en compact » G.R.P. et Auvidis, qui vient également de sortir un C.D., rassemblant les deux albums que le pianiste Alain Kremski a consacré aux œuvres de Gurdjieff/De Hartman.*

(4) *E.G./Polydor. N'existe bien sûr qu'en C.D.*

Check list

diffusion
charnière
au dépens de
phénomène
son de cloche
platine à lecture
parc
trimestre
lecteur
rabâcher
s'user
engouement

Language to use

on en est désormais certain
grâce à
tôt ou tard
à l'heure actuelle
du fait de . . .

1 What proof is given of the increased popularity of the compact disc in (a) Japan and (b) France?
2 What is the firm of Philips doing to help increase sales of its turntables?
3 What evidence is given to indicate the success of Philips in Europe?
4 Why are compact discs likely to get cheaper?
5 Give two possible uses of the compact disc as a memory.
6 What use could the erasable compact disc be put to?
7 How may the Carin system help drivers?
8 To what can the next generation of compact disc users look forward?
9 Give the four advantages of the compact disc that are mentioned here.
10 Why may compact disc owners be reluctant to lend them to other people?
11 Give three details about the composition of *Thursday Afternoon*.
12 Why do many songs last exactly three minutes?
13 What has the group Dire Straits pioneered?
14 What effect is the compact disc likely to have on the composing of music?
15 Translate the final paragraph.

Reading 2

Read the passage opposite about the French pop singer Renaud, then answer the questions which follow.

Check list

tube
dare-dare
zonard
gonzesse
porte-parole
vilipender
attiser

1 Why did Jeremy Nicholas write a song about the French?
2 What impolite allusion is made to Mrs Thatcher in the last verse of Renaud's song?
3 What kind of singer is Jeremy Nicholas?
4 Why are we given only a rough translation of the song?
5 Why are frogmen mentioned in the song?
6 In what way is Jeremy Nicholas rude about French women?
7 Why was the unpleasantness between the French and the English particularly inappropriate at the time the article was written?
8 Why did Mrs Thatcher herself refuse to comment on Renaud's song?
9 What suspicion does *The Observer* express?
10 What reason does Renaud give for writing his song?
11 What does Renaud find amusing about Mrs Thatcher?
12 How does Renaud try to reassure the English?

Guerre franglaise en chansons

*Les derniers couplets du chanteur Renaud, fort irrévérencieux
à l'égard de « Maggie » Thatcher, ont choqué les Anglais :
l'un d'eux a répliqué par une chanson qui traîne les Français dans la boue...*

LONDRES :
Baudouin BOLLAERT

L'entente cordiale de la chansonnette a du plomb dans l'aile : après les virulentes attaques de Renaud contre Margaret Thatcher dans son dernier tube « Miss Maggie », un interprète britannique, Jeremy Nicholas, volant au secours de la Dame de fer, a composé dare-dare une réponse intitulée : « Pourquoi les Français sont-ils aussi déplaisants ? »

Renaud, l'idole des zonards, en affirmant qu'il aimerait, s'il était un chien, faire de Mrs. Thatcher son « réverbère quotidien », n'y est pas allé de main morte : sa chanson, reprise ici par toutes les chaînes de télévision, a choqué bon nombre d'Anglais...

Il n'est qu'à citer deux ou trois couplets du texte de Renaud pour comprendre leur indignation. Tel celui-ci :
*« Y'a pas de gonzesse hooligan
Imbécile et meurtrier
Y'en a pas, même en Grande-Bretagne
A part, bien sûr, Madame Thatcher. »*

Ou celui-ci :
*« Pas une femme n'est assez minable
Pour astiquer un revolver
Et se sentir invulnérable
A part, bien sûr, Madame Thatcher. »*

Et l'irrespectueux chanteur de conclure ainsi :
*« Moi, je me changerai en chien
Si je peux rester sur la terre
Et comme réverbère quotidien
Je m'offrirai Madame Thatcher. »*

Les radios et télévisions anglaises ont fait à cette chanson une large publicité négative. D'où la réaction de Jeremy Nicholas, aussi avide de revanche que de notoriété.

Ce dernier est, en effet, un parfait inconnu et son style rappelle celui des comiques troupiers d'autrefois : des vers de mirliton à base de calembours et, pour tout accompagnement, un piano. La chanson a été enregistrée sur bande magnétique par les soins de I.R.N. (le service d'informations des radios indépendantes d'outre-Manche) et ne sera gravée sur disque qu'en cas de succès triomphal.

Dans une traduction approximative, car beaucoup de jeux de mots sur Bonaparte, les pommes-frites ou les préservatifs sont intraduisibles, voici le texte de cette œuvre impérissable qui ne s'attaque pas seulement à un, mais à tous les Français, et qui tente de venger Maggie comme Alphonse Halimi, jadis, avait essayé de venger Jeanne d'Arc...

Hommes-grenouilles et cuisses de grenouilles

« Je voudrais envoyer une lettre aux Français pour rétorquer à Renaud dont le disque crève le hit-parade ; j'espère qu'elle atteindra leurs cerveaux et autres parties... Pourquoi les Français sont-ils aussi déplaisants ? Ils se considèrent comme un cadeau de Dieu sur la terre, sans se rendre compte qu'aux yeux des autres peuples ils sont un sujet de plaisanterie...

» Ils sont sans humour, arrogants, bilieux, avec un complexe d'infériorité car ils ne savent pas gagner les guerres... Mais pourquoi les Français sont-ils aussi déplaisants ? Leurs agents secrets et hommes-grenouilles sont incapables de couler tranquillement un bateau : ils forment une bande d'inspecteurs Clouzeau...

» Depuis qu'ils ont renversé la monarchie, ils ne savent plus se conduire et guillotinent encore... Ils mangent des cuisses de grenouille, des escargots, quant à leurs femmes, mon Dieu, elles ne prennent même pas la peine de se raser... Pourquoi les Français sont-ils aussi déplaisants ?

» De Nice à Calais, tout ce qu'ils donnent au reste du monde, c'est leur mauvaise haleine, leur cancan et leurs bidets... Leur plomberie est médiévale et, maintenant, ils veulent un lien trans-Manche. Comment pourront-ils creuser un tunnel, alors qu'ils ne sont pas capables de creuser des égouts ? Pourquoi les Français sont-ils aussi déplaisants ? Tout ce que nous avons à leur dire, c'est « salut mon pote ! » en leur susurrant à l'oreille un seul mot : « Waterloo ! »

Perfides soupçons

Voilà donc la réponse du berger à la bergère et, à deux semaines de la rencontre « historique » de Lille où François Mitterrand et Margaret Thatcher devraient annoncer officiellement le projet choisi par la liaison fixe trans-Manche, cette gué-guerre de la chansonnette a des petits relents désagréables.

Certes, au 10 Downing Street, on affecte l'indifférence. Un porte-parole de Mrs. Thatcher a déclaré : « Nous ne voudrions pas « dignifier » les œuvres de M. Renaud par un commentaire. » Ce qui choque le plus les Anglais, en fait, c'est le vidéo-clip qui accompagne la chanson : on y voit des batailles de hooligans, des files de chômeurs, des émeutes raciales, etc.

Cette image tronquée de leur pays leur reste d'autant plus en travers de la gorge qu'elle est répercutée, en France, par les télévisions d'Etat. Et le journal dominical l'*Observer*, qui n'apprécie pourtant guère la Dame de fer, soupçonne le chef de l'Etat et les autorités socialistes de s'en délecter... Albion aurait-elle trouvé plus perfide qu'elle ?

Pour sa part, Renaud se défend mollement d'avoir voulu attaquer les Anglais.

» Ce n'est pas une chanson raciste ou xénophobe, vient-il de déclarer. J'ai écrit ce titre après le drame du Heysel, pour vilipender les hooligans, sur un coup de haine après cette folie. Mon but n'est pas d'attiser les haines franco-anglaises, mais de faire rire les Français d'une femme politique dont le comportement est souvent plus masculin que celui des hommes. Je n'avais pas mieux traité François Mitterrand il y a quelques années dans *Le Déserteur*, qu'on se rassure, je ne vais pas toucher à la Reine ».

B. B.

Speaking 1

Study this advertisement, then be prepared both to answer the specific questions asked and to discuss the various issues that are raised.

TOUTES LES MUSIQUES DANS LA POCHE

Plus de 100 000 lecteurs de compact-discs vendus en 1985, et l'on devrait faire encore mieux cette année : le compact-disc ne cesse d'élargir son registre. Après les modèles de salon, les portables et les appareils pour voiture, voici le premier portable avec tuner FM/PO incorporé. Un poids plume (600 grammes à peine) qui permet d'écouter aussi bien un disque laser que sa radio préférée, dans la rue comme sur la plage, à l'aide d'un simple casque. La batterie extra-plate assure jusqu'à 4 heures 30 d'autonomie. Le D-55 T peut se raccorder à une chaîne hi-fi classique, ou même, grâce à une cassette d'adaptation munie d'un câble, à n'importe quel autoradio à cassettes pour écouter ses compacts en voiture. *Sony D-55 T : 4 700 F. Cassette d'adaptation pour autoradio : 300 F.*

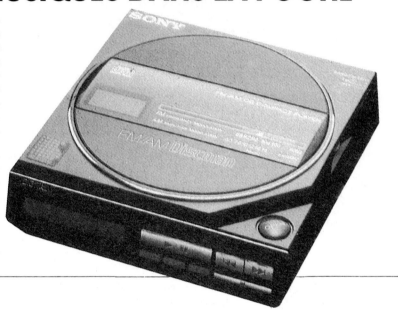

1 Comment expliquez-vous le titre de cet article?
2 Qu'est-ce que cet appareil offre de nouveau?
3 Pourquoi est-ce qu'on peut porter facilement cet appareil?
4 Quels accessoires faut-il avoir pour écouter un compact-disc dans la rue ou pour l'adapter à une chaîne hi-fi classique?
5 Quel est le prix de ce lecteur? Croyez-vous que ce soit cher?
6 Aimeriez-vous posséder un tel appareil? Si tout le monde en avait un, est-ce que ce serait une bonne chose?
7 Quels avantages cet appareil a-t-il sur une cassette ordinaire? Et quels désavantages?

Sujets à discuter

Ecoute-t-on trop de musique aujourd'hui?

Voudriez-vous être une grande vedette de la musique pop?

Essayez d'expliquer la grande popularité du rock.

Essayez d'expliquer quel plaisir vous trouvez à écouter la musique.

Further vocabulary

un accord	une fanfare
accorder	une gamme
un air	faire ses gammes
une chaîne de haute fidélité	un magnétophone (à cassettes)
chanter faux	un magnétoscope
chanter juste	la mesure
un chanteur	un microsillon
un chef d'orchestre	une partition
un compositeur	une platine laser
une composition	le rythme
un électrophone	un téléviseur

Section 2

Literature

Même si, dans une société technologique, les études scientifiques et mathématiques semblent plus prestigieuses que les études littéraires en France aujourd'hui, les Français restent fidèles à leurs grandes traditions en décernant des prix littéraires annuels comme le Prix Goncourt, le Prix Renaudot et le Prix Fémina, en choisissant les meilleurs écrivains comme membres de l'Académie Française et en s'intéressant de plus en plus aux livres.

Si les Français empruntent moins de livres aux bibliothèques municipales que beaucoup d'autres Européens, ils achètent néanmoins un million de livres par jour, c'est-à-dire deux fois plus qu'il y a vingt ans. D'ailleurs trois adultes sur quatre lisent au moins un livre par an.

La radio et la télévision ne font qu'encourager la lecture parce que si certains programmes trouvent leur origine dans des livres, il y en a d'autres qui, à leur tour, donnent naissance à des livres.

Les auteurs ne demandent pas mieux que de passer au petit écran, surtout dans l'émission hebdomadaire *Apostrophes* où l'on présente les nouveaux livres à cinq millions de téléspectateurs.

On lit toujours les auteurs classiques, les poètes ou les romanciers du dix-neuvième siècle, et aussi les grands auteurs de la première moitié du vingtième siècle comme Marcel Proust, François Mauriac, Albert Camus et Jean-Paul Sartre. On lit moins les *Nouveaux Romans* des années cinquante et soixante comme ceux d'Alain Robbe-Grillet, de Nathalie Sarraute ou de Michel Butor, romans où il est souvent difficile de reconnaître une intrigue ou des personnages bien développés. On lit volontiers l'œuvre de Jean Anouilh, Henri Troyat, Gilbert Cesbron, Robert Sabatier, Marcel Pagnol ou Jean-Louis Curtis qui racontent une histoire et développent des personnages intéressants. Si le roman est plus populaire que la poésie et le théâtre, on s'intéresse aussi aux mémoires, aux essais, aux biographies et aux livres scientifiques et pratiques.

Les enfants ont bien leur littérature à eux et les jeunes Français sont de grands lecteurs de B.D. (bandes dessinées) telles que *Tintin* et *Astérix*.

Reading 3

Read this passage about poetry, then answer the questions which follow.

CHRONIQUE

Poésie

PAR MICHEL DE SAINT PIERRE

« C'EST difficile, la poésie ! » nous disait le vieux Paul Valéry. Oui, c'est difficile. Depuis que j'en parle dans mes chroniques, je reçois de nombreux manuscrits et plaquettes où s'inscrit, bien sûr, l'*intention poétique*. Mais la poésie, c'est tout autre chose. Elle est rarissime, et, comme la perle au fond du sable, elle se cache.

Elle prétend parfois s'étaler. J'ouvrais récemment, au hasard, une anthologie de la nouvelle poésie française — et j'y lus ce qui suit : « Champ de galerie batai l'avenir, les grands ciseaux pour tondre les forces se dit des animaux ennemies seront par la pensée dans un siège déterminé, local... » Et cela se poursuit imperturbablement, sans orthographe, sans signification et sans complexe. Tant pis pour nous !

Aussi bien, quelle merveilleuse surprise lorsque brusquement, parcourant les pages d'un volume de vers, une authentique poésie vous saute aux yeux, vous saute au cœur. Ce fut le cas — en ce qui me concerne — quand je commençai de lire un recueil parmi d'autres : *Reflets des heures vives* de Jacques Raphaël-Leygnes (1). Il s'agit là d'une sorte d'incantation marine, hantée par la nostalgie de la houle et des grands départs :

Nous entrerons d'abord dans le reflet changeant
Des flots connus de tous, puis des bulles d'argent
Eclaireront pour nous les fonds de madrépores.
Enfin des sables morts nous couvriront sans bruit
Et nous pourrons, très loin des tempêtes sonores,
Dormir le grand sommeil liquide de la nuit.

Plus loin chante la voix lointaine de la mer, encore :

Leur flamme file et tranche en guibre de navire,
Elle s'épanouit en long flot rouge et vert,
Elle éclate, bruyante et jeune, et se déchire,
Par craquement, comme une barque qui se perd.

Et voici la grande pitié des matelots :

Chevaliers enfants de nos temps de « méprises »,
L'histoire passera sur vos noms inconnus
Mais ce soir, pour nous seuls, vous êtes revenus.
La voix des nuits de sel vous porte dans sa brise.

Vous êtes là, blancs matelots, bras basanés ;
L'amour avait creusé les joues de votre enfance
Mais la nuit a repris vos masques d'innocence ;
Vous êtes purs là, tous ensemble, et vous dormez.

Avec regret, j'arrête mes citations. Je l'avoue : certains de ces poèmes qui étaient inconnus de moi, je les apprends *par cœur*. Et le mot « cœur » est celui qui convient.

Michel de SAINT PIERRE.

_____
(1) *Editions Stock.*

Check list

parcourir
rarissime
s'étaler
plaquette

Language to use

c'est tout autre chose
en ce qui concerne ...
il s'agit là de ...

1 To what does the author liken poetry, and why?
2 What is the author's opinion of the new French poetry he has just read?
3 How different is his reaction to the poems of Jacques Raphaël-Leygnes?
4 What virtues does Raphaël-Leygnes attribute to sailors?
5 What proof does the author give of his appreciation of the poems of Raphaël-Leygnes?

Reading 4

Read this review of three new books by Maurice Genevoix, then answer the questions which follow.

L'univers de Genevoix

LE JARDIN DANS L'ILE,
de Maurice Genevoix.
Plon, 85 F.

DERRIERE LES COLLINES,
de Maurice Genevoix.
Plon, 75 F.

LORELEI,
de Maurice Genevoix.
Points.

Maurice Genevoix est toujours parmi nous. Sa place dans le paysage littéraire reste inchangée. Trois livres de l'auteur de « Raboliot » viennent d'être rééd-

PAR BENOIT CHARPENTIER

dités pour nous rappeler cet univers si attachant.

« Le Jardin dans l'île », allusion directe à sa maison natale entourée par les bras de la Loire, chante la jeunesse. Ce jardin est à la fois bien réel, avec ses odeurs et ses couleurs, mais symbolise également le monde de l'enfance que Fan et Patou devront un jour quitter. Genevoix pose un regard tendre et psychologue sur ces gamins qu'un rien

enchante, pour qui le moindre trajet jusqu'à la maison de la grand-mère, à peine deux cents pas, se transforme en un voyage merveilleux. Le paysage se modifie avec l'âge mais Fan reste attaché à son île, même si son cœur bat désormais pour Claire.

Poétique et charmant, le « Jardin dans l'île » illustre ce passage douloureux de l'enfance à l'adolescence qui signifie obligatoirement l'abandon des rêves anciens.

« Derrière les collines » nous présente Genevoix conteur. Trois nouvelles où l'on retrouve des personnages, humains ou animaux dont les qualités lui sont chères. Bill Desormeaux, le chasseur, le vieux marin et Dag le castor savent se mettre à l'écoute du monde. Bill va chasser en Afrique dans « Derrière les collines », le vieux marin raconte ses campagnes avec des mots aussi rudes qu'un bout de chanvre dans « Destination Saint-Pierre ». Enfin, le castor rencontré au Canada du côté de la Rivière de

l'Arc termine ce livre en disant : « *Tu ne sais pas que les plus belles histoires sont toujours des histoires vraies.* »

« Lorelei », la dernière rééed-tion et certainement la plus intéressante, est une des œuvres importantes de Genevoix. A plus de quatre-vingts ans, il s'est lancé avec beaucoup de délicatesse et de pudeur dans le récit, difficile, d'une amitié trouble qui hésite à se muer en amour. Nous sommes en 1905. Julien, sa blonde fiancée et les parents de celle-ci, tous originaires des bords de Loire, partent en vacances en Alsace. Julien y rencontre Gunther, jeune étudiant romantique au visage barré par une cicatrice gagnée en duel. Le doux Val-de-Loire, tout en arrondi, rencontre la noire forêt germanique et ses élans incontrôlés.

« Lorelei » c'est la fascination qu'exerce l'Allemagne mythique sur les âmes jeunes de ce début de siècle. Ce récit évoque l'amour impossible et dangereux de Julien pour l'âme profonde, noire, fascinante de Gunther, plus riche que celle de sa gentille fiancée.

B. C.

Check list

bras	castor
rien	évoquer

1 Why are the three books by Genevoix reviewed here?
2 To which precise location does *Le Jardin dans l'île* refer?
3 What is the psychological interest of *Le Jardin dans l'île*?
4 Who are the three narrators in *Derrière les collines*?
5 Why is Julien drawn to Gunther even more than towards his own fiancée?
6 What physical sign is there of Gunther's romanticism?

Speaking 2

Study this magazine feature about children's books, then be prepared both to answer the specific questions asked and to discuss the various issues that are raised.

☐ LIVRES

LA BIBLIOTHÈQUE DES ENFANTS

*Vous avez été nombreux à demander
que la bibliothèque des enfants soit présentée sous forme de fiches.
Nous les avons numérotées afin d'en faciliter le classement.*

1 LE DÉMON DU SOIR

Age : à partir de 3 ans.
Genre : humour/vie quotidienne.
Titre : « le Démon du soir ».
Texte : Rose Impey, 39 ans, trois enfants, Anglaise, ancienne institutrice.
Illustrations : Sue Porter, 35 ans, c'est son dixième album.
Collection : Les petits diables (série publiée en 6 langues).
Editeur : Albin Michel jeunesse.
Prix : 32 francs.
L'histoire : Pierre est un adorable petit garçon à qui tous les prétextes sont bons pour ne pas s'endormir : il a soif, il veut qu'on lui lise des histoires, il a envie de faire pipi. Ses parents n'en peuvent plus... Le texte, très bref, ponctue l'image.
Les illustrations : des tons doux, un pinceau léger, fidèle à la réalité et teinté d'humour. Des détails authentiques : jouets qui traînent, visages et gestes des parents traduisant tour à tour l'énervement et la lassitude, petite tête qui pointe derrière la porte, qui recréent l'ambiance de l'heure du coucher.

Notre avis :
un ton
très juste pour
montrer
à tous les petits
phénomènes
que leurs
parents ne sont
pas dupes
de leurs
ruses.

2 SEPT COCHONS SAUVAGES

Age : 6/8 ans.
Genre : petits contes moraux.
Titre : « Sept cochons sauvages ».
Texte et illustrations : Helme Heine, Allemand, 43 ans, publie depuis dix ans, best-seller dans le monde entier.
Traduction : Jean Launay.
Editeur : Gallimard.
Prix : 128 francs.
L'histoire : drôles, tendres ou folles, une histoire de pirate et de bouteille à la mer et dix histoires — brèves ou longues — d'animaux qui connaissent l'amitié, la joie de vivre, la solitude, et qui vous séduiront tous, du crocodile gourmand aux cochons moqueurs, du rhinocéros solitaire au petit rat héroïque.
Les illustrations : dans des couleurs pastel, avec infiniment de fraîcheur, de poésie et d'humour, elles ne répètent pas le texte mais élargissent sa signification et font réfléchir. Les animaux sont à la fois symboliques de leur espèce, et terriblement humains.

Notre avis :
un albu...
enchanteur. Pou...
ceux qui aimer...
la poésie, la fantaisi...
et la tendresse...
Pour ceux qu...
pensent qu'on peu...
transmettre de...
choses importante...
en s'adressan...
au cœur...

1 Est-ce que cette page est destinée aux enfants?

2 On nous dit que beaucoup de lecteurs du magazine ont demandé cette présentation sous forme de fiches. Croyez-vous que ce soit réussi? Pourquoi (pas)?

3 De quelle nationalité sont les auteurs des deux livres présentés ici?

4 Que pensez-vous du prix des deux livres? Et des livres en général?

5 Quel livre préféreriez-vous acheter et pourquoi?

6 Que pensez-vous de la façon dont certains auteurs font parler les animaux comme des êtres humains?

7 Quelle est l'importance des illustrations dans ces deux livres? Et dans les autres livres pour enfants?

8 Quelles lectures préfériez-vous quand vous étiez petit(e)?

9 Pourquoi est-il difficile d'écrire pour les enfants?

Sujets à discuter

Quelles sont les qualités essentielles d'un bon roman?

Quelle est la valeur de la littérature?

Comment peut-on encourager les enfants à lire?

Further vocabulary

un conte	une héroïne
créer	une intrigue
le dénouement	une nouvelle
la description	un personnage
un éditeur	une pièce de théâtre
une édition	un (roman) policier
un genre littéraire	un recueil
un héros	la science fiction

Section 3

Fine arts

Paris, la ville-lumière, a été longtemps considérée comme la capitale mondiale des Beaux-Arts, l'endroit où allaient vivre et s'inspirer des peintres et des sculpteurs de toutes nationalités. Si les artistes préfèrent maintenant s'installer à New York ou à Londres, Paris est toujours un centre international pour les Beaux-Arts.

On n'a qu'à citer le Centre Georges Pompidou, le nouveau Musée d'Orsay ou même les travaux d'agrandissement du Musée du Louvre pour mesurer l'activité des Beaux-Arts à Paris.

Si l'Etat fait construire ou aménage de nouveaux musées c'est que les Français vont de plus en plus nombreux aux expositions artistiques. Ils prennent aussi des cours de peinture et de sculpture et deviennent eux-mêmes des artistes amateurs.

Il est difficile de savoir pourquoi les peintres et les sculpteurs français d'aujourd'hui sont moins bien connus que les grands artistes célèbres du dix-neuvième siècle et du début du vingtième siècle. Il est certain qu'ils sont plus individualistes dans la mesure où ils s'inscrivent moins facilement dans des mouvements comme l'Impressionnisme ou le Cubisme et qu'ils jouissent d'une grande liberté d'expression.

Après les courants abstraits, le 'pop-art' et la remise en cause des idées des artistes de la première moitié du siècle, les peintres et les sculpteurs se sentent libres de choisir la forme d'expression et les matériaux qui leur conviennent le plus pour exprimer leur imaginaire et leur vision personnelle du monde.

Reading 5

Read this passage about *Art nouveau*, then answer the questions which follow.

ART

« Les Années 1900 », A 2, 22 h 10

L'Art nouveau redécouvert

Paris, Vienne, Bruxelles ont vu éclore simultanément des formes nouvelles dont l'Europe allait s'enticher. Cette série relate l'histoire passionnante de l'Art nouveau.

L'art nouveau ? Les Parisiens le côtoient encore chaque jour sans même y faire attention en passant devant les entrées du métro signées Guimard.

Ce qu'on appela « Liberty » en Italie, « Jugendstil » en Allemagne, « Sécession » en Autriche, « art nouveau » en France et en Belgique apparaît presque simultanément en Europe vers 1890 avec pour pôles d'attraction Paris, Vienne et Bruxelles.

Résultat du développement de l'industrialisation, de la naissance de gigantesques complexes sidérurgiques, de l'accroissement des « villes tentaculaires » chantées par Verhaeren et d'une solide confiance en l'avenir, cet art permet aux peintres, sculpteurs, dessinateurs ou architectes de donner libre cours à leur imagination et à leur optimisme. Le monument symbole de cette époque pourrait bien être la tour Eiffel, « *Arc de triomphe, à la gloire de la science et de l'industrie française* », selon son constructeur.

L'architecte Le Corbusier écrira : « *Vers 1900 une geste magnifique : l'art nouveau. On secoue les nippes d'une vieille culture* ».

Horta, Guimard et les autres

Mais pour Folco Quilici, auteur de cette série qui comprendra quatre volets, ce mouvement n'est pas, à proprement parler, révolutionnaire et totalement novateur, il est encore dans une certaine mesure une manifestation particulière de l'art baroque.

« *Mais en raison de l'audace de certaines formes, de l'utilisation aussi de certains matériaux comme le fer, la fonte, le verre, la céramique, on a pu le considérer comme une sorte de défi.* »

La grande vogue de l'art nouveau, favorisée par de riches industriels et par une bourgeoisie aisée, dura peu de temps, c'est-à-dire de 1890 à 1914. Par la suite l'art nouveau devait être oublié, méprisé même pendant des décennies jusqu'à ce que certains le redécouvrent il y a une vingtaine d'années, n'hésitant pas à qualifier les œuvres de Mackintosh, Horta, Wagner, Gaudi et Guimard de géniales. Les productions de Gallé et de Lalique devaient d'ailleurs retrouver des cotes exceptionnelles. On restaure des monuments qui ont frôlé de peu la démolition et dont les façades tout en mouvement paraissaient à beaucoup bien « démodées ».

Cette série est sur plusieurs points intéressante, son principal mérite étant de faire revivre une période importante et mal connue de l'art moderne. Elle a demandé à Folco Quilici trois ans de travail dont plus d'un an de montage. Le seul reproche qu'on puisse lui adresser est d'avoir précisément voulu trop en faire, passant rapidement d'un pays à l'autre, d'un artiste à l'autre, abusant quelque peu de la superposition d'images et des « fondus-enchaînés ». Tout cela finit par provoquer une certaine confusion et une difficulté à suivre le déroulement de l'émission. Mais les séries sur l'art sont si rares que nous aurions mauvaise grâce à nous plaindre de la richesse de celle-ci, d'autant plus que la musique qui accompagne ce foisonnement d'images comprend des extraits d'œuvres intelligemment choisis de Debussy, Ravel, Albeniz ou Mahler.

Jean CALMÉ.

Check list   *Language to use*

s'enticher   à proprement parler
côtoyer   en raison de
sidérurgique   par la suite
donner libre cours
volet
génial

1 What daily reminder are Parisians given of *Art nouveau*?
2 Why did *Art nouveau* come into being and what was the prevalent mood of the time?
3 How will the new series be transmitted?
4 For what reasons does the author of the series think that *Art nouveau* challenged existing art forms?
5 What happened to *Art nouveau* after 1914?
6 What happened when *Art nouveau* was rediscovered?
7 What criticism is made of the series?
8 What effect may this weakness have on the viewers?
9 What are the two final reasons given for welcoming the series?

Reading 6

Read the passage opposite about stolen works of art, then answer the questions which follow.

Check list

réseau   déclencher
receleur   perquisition
butin   montant
véreux

1 What have the police broken up during the last few days?
2 Who received the stolen goods in Paris?
3 How did these receivers arrange for the goods to be sent to the Netherlands?
4 What happened on 16 September?
5 What happened to the twelve people who were taken to the Quai des Orfèvres?
6 What role did Rudy Verbrugge play in the gang?
7 What happened to the stolen goods after they arrived from France?
8 Translate the last two paragraphs.

Objets d'art volés : a filière d'Amsterdam

Jn réseau de recéleurs français et néerlandais a été démantelé par la police des deux pays. Le trafic portait sur un butin d'une dizaine de millions de francs.

Un réseau de receleurs franco-hollandais, qui avaient organisé un très important trafic international d'objets d'art volés entre la France et les Pays-Bas, a été démantelé au cours des derniers jours par les services de police judiciaire des deux pays. L'enquête sur ce trafic avait commencé au début de juin, lorsque le commissaire divisionnaire Raymond Mertz et ses collaborateurs de la brigade de répression du banditisme apprirent que des antiquaires et des brocanteurs parisiens véreux se faisaient régulièrement livrer des tableaux et des objets d'art volés par des cambrioleurs dans les résidences secondaires ou des châteaux de province. Ces receleurs parisiens entretenaient des relations suivies avec des brocanteurs néerlandais qui leur achetaient ces objets d'art et en assuraient le transport vers les Pays-Bas où ils les écoulaient chez des antiquaires ou des collectionneurs.

Un de ces transports a été intercepté, le 16 septembre, par les policiers néerlandais dans la région de Maastricht. Quatre membres du gang – Gérardus Van Mulken, dit « Gérard », Rudolphe Verbrugge, dit « Rudy », Bengt Libert et Carolus Miga – demeurant tous aux Pays-Bas, ont été arrêtés et sont actuellement détenus à la prison de Maastricht.

Le 17 septembre, la brigade de répression du banditisme déclenchait son opération dans la région parisienne. Douze personnes étaient interpellées et entendues quai des Orfèvres. Trois ont été relâchées au terme de la garde à vue et les neuf autres ont été mises à la disposition du juge d'instruction qui a délivré contre eux des mandats d'amener.

Des centaines de tableaux

Parmi eux, le principal receleur parisien, un antiquaire de la rue Montcalm, Paul Grizivatz, âgé de quarante-six ans, demeurant à Charenton ; un couple de brocanteurs, André et Victoria Perceron, âgés de quarante-deux et trente-six ans, demeurant à Aubervilliers ; quatre membres d'une autre famille de brocanteurs, les frères Nahmani, demeurant rue Basfroy (11e) ; et enfin deux comparses, Philippe Atlan, trente-deux ans, demeurant à Charenton, et Guy Jillot, quarante-trois ans, demeurant rue André-Messager (18e).

Selon les premières informations parvenues à Paris de la police judiciaire néerlandaise, Gérardus Van Mulken, dit « Gérard », était le chef de la branche hollandaise du reseau. C'est lui qui commandait les transports d'objets d'art volés. Rudy Verbrugge était l'expert du groupe : il estimait les tableaux et les objets d'art et fixait les prix de vente. Bengt Libert s'occupait des transports. Enfin, Carolus Miga louait les entrepôts pour stocker le butin arrivé de France en attendant les ventes.

Des perquisitions ont été effectuées au domicile de toutes les personnes interpellées. Des centaines de tableaux, certains de grande valeur, du mobilier ancien dont un splendide salon Louis XV, des centaines d'objets d'art et des bijoux, plus de deux cents cheminées, des collections de timbres ont été récupérés en France et aux Pays-Bas.

Le montant de ces trafics qui duraient depuis plusieurs mois ne peut encore être chiffré. Selon les enquêteurs français, ils porteraient sur des sommes considérables. *« Le chiffre de 10 millions de francs ne paraît pas exagéré »*, affirment-ils. L'enquête se poursuit pour retrouver les légitimes propriétaires de ce butin.

Speaking 3

Study this news item, then be prepared both to answer the specific questions asked and to discuss the various issues that are raised.

Record pour une gravure de Picasso

2 500 000 francs pour cette gravure de Picasso. Tel est le prix auquel un collectionneur francais vient de se faire adjuger une eau-forte et grattoir de Picasso : « La Minotaumachie » de 1935, vendue à Enghien (1), une des trente épreuves signées par l'auteur. Picasso l'avait offerte à l'oncle du vendeur et cet exemplaire n'était jamais passé en salle des ventes. Un marchand américain, qui avait acquis les deux précédents exemplaires passés en vente, a poussé les enchères qui furent très animées. Il s'agit d'un prix record pour une gravure du XXᵉ siècle.

———
(1) Mᵉˢ Champin, Lombrail et Gautier, commissaires-priseurs.

1 Combien a-t-on payé cette gravure?

2 Est-ce trop, pensez-vous? Comment peut-on calculer la valeur d'une œuvre d'art?

3 Pourquoi est-ce que cet exemplaire n'avait jamais été vendu en salle des ventes?

4 Qu'est-ce que la gravure représente, à votre avis?

5 L'aimez-vous? La trouvez-vous intéressante, bizarre ou …?

6 Quelle sorte de tableau aimez-vous voir aux murs de votre maison?

Sujets à discuter

Un après-midi passé dans un grand musée.

Le rôle de l'artiste dans la société moderne.

La vente des œuvres d'art.

Further vocabulary

une aquarelle	une exposition	la peinture
un chevalet	un marteau	une peinture
ciseler	un musée	une peinture à l'huile
un croquis	un outil	un sculpteur
un dessin	une palette	une sculpture
dessiner	un peintre	un tableau

CECILE OUSSET

L'immense talent de Cécile Ousset s'est révélé très jeune. La septième de sept filles, elle a commencé à jouer du piano dès l'âge de trois ans et elle était si douée que ses parents décidèrent de déménager pour qu'elle puisse mieux étudier la musique. Elle entra au Conservatoire de Paris très jeune et à douze ans elle suivait les mêmes études que certains étudiants deux fois plus âgés qu'elle.

A sa sortie du Conservatoire à quatorze ans elle continua ses études de musique tout en participant aux concours internationaux. Peu à peu elle devint célèbre et elle donna de plus en plus de concerts.

Aujourd'hui Cécile Ousset a une réputation internationale. Elle donne des concerts partout dans le monde et enregistre de nombreux disques et d'émissions pour la télévision.

Listening 1

Listen to CECILE OUSSET and decide what factors determine her choice of programmes for her concerts.

Check list

enregistrer
primordial

Language to use

bien entendu
ça correspond à . . .

Listening 2

Listen to CECILE OUSSET and then summarise her opinions about the relative importance of musicianship and technique.

Check list

don
primer
épater
marathon
concours

Language to use

par contre
malgré tout
je ne suis pas pour

JEAN-LOUIS CURTIS

Jean-Louis Curtis est membre de l'Académie Française. C'est aussi un écrivain qui cherche tant à affiner son style et pèse si minutieusement ses mots pour s'exprimer le mieux possible qu'il préfère souvent citer ses ouvrages que parler spontanément de littérature. C'est peut-être aussi pour cette raison qu'au début de chaque livre de Jean-Louis Curtis paru aux éditions du Livre de Poche on explique au lecteur que 'l'auteur n'a pas d'autre biographie que la bibliographie de ses livres'.

Il faut donc chercher à mieux connaître Jean-Louis Curtis à travers ses romans. Depuis Les Forêts de la nuit *pour lequel il a gagné en 1947 le Prix Goncourt – le prix littéraire le plus prestigieux qu'on décerne en France – jusqu'aux trois romans de la trilogie* L'Horizon dérobé *parus à la fin des années soixante-dix, Jean-Louis Curtis a toujours su garder l'intérêt de son lecteur tout au long de son livre.*

Listening 3

Listen to JEAN-LOUIS CURTIS talking about an author's relationship with his readers and then answer the questions.

1 Who are the two kinds of reader to whom Jean-Louis Curtis refers?
2 What reaction does Jean-Louis Curtis hope to inspire from his readers?
3 What judgment does Jean-Louis Curtis pronounce on Pierre Benoît?
4 In the extract that he reads from one of his own books, what does Jean-Louis Curtis say that he admires about Pierre Benoît's work?
5 What other activity provokes in Jean-Louis Curtis a similar pleasure to that he feels on reading Pierre Benoît's books?
6 What hidden ambition does Jean-Louis Curtis detect in himself and why can he not satisfy this ambition in fields other than literature?
7 What does Jean-Louis Curtis say is a great delight to him?

Check list

		Language to use
rapport	les échecs	à tout prix
se manifester	refoulé	traiter une question
lâcher	piéger	il s'agit de …
prépondérant	délice	ce n'est pas là
négliger		j'en conviens
habile		à la façon de …
habileté		
adroit		
agencé		
rouerie		
viser haut		
astuce		
mise en place		

PHILIPPE BIDAINE

Le Centre National d'Art et de Culture Georges Pompidou est l'institution la plus fréquentée de France, 7 366 535 visiteurs y étant allés en 1985. Le Centre, qui a ouvert ses portes en janvier 1977, a été construit dans un très vieux quartier de Paris, là où se trouvaient autrefois les Halles, le plus grand marché de la capitale.

Même si tout le monde n'apprécie pas l'architecture moderne du Centre Pompidou, la plupart des gens sont curieux de le voir et beaucoup d'entre eux apprécient les multiples services du Centre – son musée d'art moderne, son centre de création industrielle, sa bibliothèque publique d'information, son Institut de Recherche et de Coordination Acoustique/Musique (IRCAM), ses expositions, ses salles de cinéma et de vidéo et même sa cafétéria d'où on a de belles vues sur Paris.

Philippe Bidaine travaille au Centre Pompidou depuis son ouverture et il est maintenant chef du Service des Publications et Rédacteur en chef du CNAC magazine. Très cultivé, il aime bien son travail et semble très fier de la vie culturelle de ce Centre unique.

Listening 4

Listen to **PHILIPPE BIDAINE** talking about the work of the Centre National d'Art et de Culture Georges Pompidou and then answer the questions.

1 What was André Malraux's job and what did he create?
2 What help did the authorities fail to give the cultural development of France before the creation of the Centre Pompidou?
3 In what way were provincial theatres neglected?
4 What aspect of culture was most neglected?
5 What was the problem at the museum at Chaillot?
6 What was the ORTF?
7 Why was the contribution of the ORTF to musical culture limited?
8 With what periods was the Museum of Decorative Arts most concerned?
9 What had not gone past the planning stage?
10 What was the Centre Pompidou able to do for modern art?
11 How did architecture benefit from the Centre Pompidou?
12 What does the Centre Pompidou do for life in the provinces?
13 Why is it important for provincial artists to perform in Paris?

Check list	*Language to use*
les pouvoirs publics	jouer un rôle
initier	il y a une dizaine d'années
bénéficier	certes
subvention	à cette époque-là
avoir trait à . . .	à l'époque
contemporaineté	au départ
quasiment	ajoutons
restreint	en ce qui concerne
quasi-inexistant	et ainsi de suite
urbanisme	
rayonner	
constater	
à l'instar de . . .	

UNIT 9

Education in France

A l'âge de seize ans un jeune Français a le choix entre quitter le collège et continuer ses études jusqu'au baccalauréat – l'examen final qu'il doit passer deux ans plus tard après la première et la terminale.

Depuis vingt ans, de plus en plus d'élèves choisissent de continuer leurs études, aussi un Français sur trois est maintenant admis au baccalauréat. Autrefois beaucoup d'élèves étudiaient la philosophie et la littérature, mais aujourd'hui l'option C – Maths, Physique, Sciences – est la plus prestigieuse.

Le choix des mathématiques est peut-être, dans certains cas, déterminé par la menace du chômage qui pèse sur les jeunes Français (19% des jeunes sont actuellement au chômage). On croit que les lycéens diplômés en mathématiques réussiront plus facilement à trouver du travail que les autres bacheliers.

Une fois titulaire du bac, le jeune Français a le droit de s'inscrire aux cours d'une université ou aux cours préparatoires pour une Grande Ecole. Ils sont maintenant 1 100 000 dans l'enseignement supérieur et ce chiffre représente un quart des jeunes âgés de vingt à vingt-quatre ans. Ce sont les plus doués qui préparent le concours d'entrée aux Grandes Ecoles comme Polytechnique, l'Ecole Nationale d'Administration ou l'Ecole Normale Supérieure. Toutes les carrières s'ouvrent à l'élite qui sort de ces établissements mais pour les autres, l'avenir est moins prometteur. Un grand nombre d'entre eux échoueront à leurs examens de fin d'année et renonceront à leurs études. Pour ceux qui obtiennent une licence, une maîtrise, voire un doctorat, il faudra encore lutter pour obtenir un bon poste.

Malgré les réformes faites après les grèves et les manifestations de mai 1968, beaucoup de jeunes ne sont pas satisfaits de l'enseignement supérieur en France. Ceux-ci réclament davantage de bourses, des conditions de vie et de travail plus favorables, des professeurs plus compétents, des programmes moins chargés et bien d'autres choses encore.

Si les membres du gouvernement et surtout le Ministre de l'Education Nationale ont dû écouter les étudiants pendant les manifestations de 1986 et renoncer à certains projets de réforme, ils n'ont pas encore réussi à satisfaire les demandes des étudiants.

Read this advertisement, placed in a newspaper by a group of students, then answer the questions which follow.

———— *(Publicité)* ————

EN L'AN 2000
80 % DE BACHELIERS...
POURRONT-ILS IGNORER
L'ÉCONOMIE?

A treize ans ils peuvent avoir un compte bancaire, à seize ans exercer un métier, à dix-huit ans voter et être élu dans leur commune..., mais ils pourraient tout ignorer de l'économie, du fonctionnement de nos sociétés? Certainement, si le projet de réforme des lycées est adopté.

Celui-ci prévoit la disparition des sciences économiques et sociales en tant que matière obligatoire, alors qu'aujourd'hui cette discipline est enseignée à tous les élèves de seconde (1).

Curieuse modernité qui éliminerait de la formation de base la composante la plus récente de la culture contemporaine!

L'enseignement économique et social est aujourd'hui indispensable pour former les citoyens à la compréhension du monde dans lequel ils vivent. Elément de culture, il permet aussi une orientation choisie en connaissance de cause.

Nous demandons qu'il fasse partie des matières obligatoires du second cycle.

O. ADAMIDES, M. ABELLAND, X. ANSELME, J.-L. BADUFLE, A. BODELET, A. BOI, J. BREMOND, R. BRIHAYE, R. LAFFOND, J.-P. BRISACIERS, C. BRUNEL, J. CALLU, C. CHALAYE-FENET, F. CHATAGNIER, C. CLAVILIER, A. COHEN, R. COHEN, P. COMBE-MALE, B. COMMELIN, M. COLLIN, B. CORNEVIN, J.-F. COUET, Y. CROZET, S. DEBESSON, M. DELALANDE, I. DRAHY, C. DURAND, C. ECHAUDEMAISON, H. FALGON, P. FERRÉ, A. FOISSY, A. GELE-DAN, J.-B. GONZALEZ, G. GROSSE, E. HERRICHON, R. LAFFOND, G. LEBOURG, A. LECAT, C. LENNUIER, D. LÉVY-BENCHETON, J.-C. LAMOTTE, R. LIGNIÈRE, B. MARCEL, C. MARCHAL, A. MAR-GRON, O. MAZEL, P. MENOSSY, A. MONTAY, L. NACCACHE, A. NICOLAS, T. PANEL, T. PETIT, S. PÉRICOUCHE, N. PINET-DUMONT, Y. POIRIER, C. POTHIN, J. SATERN, M. SERVANIN, M. SOUBRANE, C. SRESPUECH, S. TAMA, J. TAIEB, P. VOLO-VITCH, J. WEBER.

Les signatures de soutien peuvent être adressées à
A. BOI, lycée Montaigne,
17, rue Auguste-Comte, 75005 PARIS.

—————
(1) Sauf en seconde technologique.

Check list

bachelier
commune
ignorer
formation de base
second cycle

Language to use

en tant que

1 What plan are they protesting against?
2 What ridiculous situation do they say the plan would lead to?
3 Why do they wish to keep economics and sociology in the curriculum?

Reading 2

Read this passage about education in France, then answer the questions which follow.

POINT DE VUE

Réconcilier la France avec sa jeunesse

par Claude Allègre,
professeur à l'université de Paris-VII,
Crosby Professor au MIT,
Prix Crafoord 1986.

PARMI les pays industrialisés, la France détient deux records peu enviables : la plus forte proportion de jeunes parmi ses chômeurs, le plus faible pourcentage de diplômés de l'Université. Va-t-on guérir ce cancer culturel, économique et social en instaurant la sélection à l'entrée de l'université ?

La sélection existe déjà trop. Au collège et au lycée, où l'on trie des adolescents plus sur leurs capacités à apprendre que sur leurs facultés à réfléchir ; à l'entrée des grandes écoles, où la réussite d'un concours à vingt ans préfigure la carrière de toute une vie ; à l'université même, où le système d'examens continus a amplifié le mal.

L'Université américaine, donnée en exemple, est de peu de recours car elle se développe dans un contexte économique et intellectuel totalement différent.

Economique, quand on sait que les Etats-Unis consacrent 2,5 % de leur PNB à l'enseignement supérieur, contre 0,6 % pour la France. Culturel, quand on connaît l'esprit d'ouverture de l'Université américaine où les disciplines nouvelles fleurissent , où la technologie a depuis longtemps ses lettres de noblesse, où la classification d'Auguste Comte est inconnue, où les talents du monde extra-universitaire sont accueillis sans souci de parchemins, où le dogmatisme et la réglementation tatilloNne sont combattus et non cultivés.

Le rêve américain

Cette Université répartit ses étudiants, il le faut bien. Elle le fait selon des critères multiples, variés, où l'estimation et la motivation des individus jouent un rôle aussi important que la discipline scolaire, pour que tous les talents trouvent un lieu d'épanouissement. Elle le fait en ignorant le système des concours sclérosés de nos grandes écoles. Elle le fait surtout en donnant à ses jeunes trois fois plus de chances d'obtenir un diplôme supérieur et quatre fois plus de chances de soutenir une thèse de doctorat que notre Université. Elle le fait en organisant pour ses étudiants et ses professeurs des conditions de vie et d'études qui n'ont aucun équivalent ailleurs. Si nous voulons nous inspirer de ce système, commençons par nous en donner les moyens. Construisons des campus avec des logements pour les étudiants, entretenons nos universités vétustes ou délabrées, équipons-les de piscines et de terrains de sport. Donnons des bourses décentes et nombreuses à nos étudiants, dont nous ne pourrons que mieux exiger l'excellence.

Pour ma part, je ne crois pas que la solution aux maux de l'université française puisse être trouvée dans une imitation quelconque, d'autant moins que notre retard est considérable. Nous sommes condamnés à reconstruire notre enseignement supérieur à partir de solutions originales qui devront répondre aux aspirations de notre jeunesse en tenant compte de nos traditions et de notre culture. Définir les modalités d'une telle entreprise dépasse le cadre de cet article, indiquons-en simplement quelques conditions :

1) Abordons le problème avec détermination, modestie et patience, sans précipitation, avec une volonté de dialogue et une implication de toute la communauté nationale. Cela exclut toute entreprise législative d'envergure. Assez de ministres légistes qui ne changent rien !

2) N'opposons plus la formation professionnelle indispensable et la formation générale nécessaire, l'ouverture vers les disciplines nouvelles et le maintien du niveau des disciplines fondamentales, la qualité de l'enseignement supérieur et la nécessité de former plus d'étudiants, la rigueur et la générosité.

3) Enfin, cessons de nous cacher les véritables problèmes. Rien ne sera possible sans une augmentation colossale des moyens consacrés à notre enseignement supérieur et à nos étudiants. Pour rattraper notre retard et permettre à un plus grand nombre de jeunes d'accéder au savoir et de se préparer à un emploi, il faut doubler au plus vite les financements consacrés à notre système de formation supérieure. Cela paraît à la fois impossible et indispensable. Impossible par notre logique budgétaire des petits pas. Indispensable tant les chiffres qui mesurent notre retard sont alarmants. Aborder ce problème par une augmentation des droits d'inscription était dérisoire, inquiétant et inadapté.

La solution est au niveau du gouvernement de la Cité. Gouverner, c'est choisir, disait Pierre Mendès France. Serons-nous capables de faire les choix budgétaires à la dimension du problème ? Serons-nous capables d'ouvrir courageusement les portes de notre avenir, plutôt que d'entretenir les nostalgies du passé ?

La réconciliation de la France avec sa jeunesse est à ce prix. Cette jeunesse étudiante et lycéenne qui, dans sa calme détermination et son refus de la violence, pose en fait la véritable question, celle du déclin de la France.

Check list	*Language to use*
détenir	critère
trier	jouer un rôle
PNB	pour ma part
soutenir une thèse	d'autant moins que
bourse	
envergure	

1 What threat does the author see to French cultural, economic and social life?
2 What is wrong with selection for
   (a) grammar schools and (b) universities?
3 What happens as a result of winning a place at a Grande Ecole?
4 Why is it difficult to compare French and American universities financially?
5 Give four examples of the open-mindedness shown by American universities.
6 What is the aim behind the American method of assessing students?
7 What physical improvements would the author like to see in French universities?
8 What would make it easier to demand higher standards of students?
9 What makes it especially difficult to solve the problems of French universities by imitating others?
10 What attempts to solve the problems does the author not recommend?
11 What needs to be done first and why might this be difficult?
12 What previous attempts to solve the problem does the author scorn?
13 In whose hands does the solution lie?
14 What is the attitude of the young in France towards the problem?
15 What would the failure to solve the problem illustrate?

Reading 3

Read the passage opposite about mathematics, then answer the questions which follow.

Check list		*Language to use*
bosse	ex æquo	c'est bien connu
apanage	écart	tenir compte de
faire loi	gavé	dans tous les cas
échantillon		

ECONOMIE ■

ÉTUDE

Les maths n'ont pas de sexe

Des tests le prouvent : les filles sont aussi douées que les garçons. Mais les préjugés peuvent faire la différence.

De notre envoyée spéciale à Boston

Les filles, c'est bien connu, n'ont guère de penchant pour les maths. C'est, du moins, ce qui ressort des statistiques officielles. En France, 66 % de garçons et seulement 34 % de filles se retrouvent dans les classes « matheuses » — les terminales C et E — des lycées. La bosse des maths est-elle donc l'apanage du genre masculin ? Et les garçons sont-ils intrinsèquement, c'est-à-dire biologiquement, plus doués en mathématiques que la gent féminine ?

Quelques scientifiques se sont ingéniés à justifier cette différence. Certains ont affirmé que le cerveau masculin, stimulé par la testostérone, hormone mâle, serait plus apte au raisonnement mathématique que les méninges exposées à la progestérone et à l'œstradiol, hormones femelles. D'autres ont supposé que l'hémisphère droit du cerveau, celui qui traite les informations spatiales, serait plus performant chez les garçons que chez les filles. Explications qui n'ont jamais fait loi.

L'opinion populaire continuait à croire dur comme fer que les garçons étaient nés pour jongler avec les chiffres, résoudre les équations et batifoler avec les théorèmes. Eh bien, pas du tout ! Les conclusions d'une imposante étude présentées à Boston, lors de la conférence annuelle de l'American Association for the Advancement of Science, remettent les pendules à l'heure. Et font voler en éclats quelques idées reçues. Le Pr Gila Hanna, de l'Institut des sciences de l'éducation de l'Ontario, a analysé les résultats de la « seconde étude internationale en mathématiques », qui regroupe les réponses, en diverses disciplines — algèbre, arithmétique, géométrie, statistique... — de 37 043 filles et de 37 410 garçons âgés de 13 ans, dans 20 pays. Un échantillon de taille !

Dans 10 pays, sur l'ensemble des tests, soigneusement préparés pour tenir compte des différences de culture entre les élèves, les filles ont obtenu exactement les mêmes résultats que les garçons. Dans cinq autres, les adolescentes l'ont emporté en algèbre, tandis que leurs petits camarades les dépassaient d'une courte tête en géométrie. En France, en Israël et aux Pays-Bas, en revanche, les garçons prenaient un avantage perceptible dans toutes les disciplines, alors qu'aux Etats-Unis les deux sexes arrivaient ex aequo en algèbre, en arithmétique et en statistique. Dans tous les cas, les variations des réponses étaient beaucoup plus marquées entre des enfants de deux pays distincts qu'entre garçons et filles.

autres élèves, la façon dont les cours sont construits, etc. » Ainsi, lorsqu'il existe un climat de compétition dans la classe, les garçons obtiennent-ils de meilleurs résultats. Si, au contraire, la coopération entre les élèves est à l'ordre du jour, les filles prennent l'avantage. Les garçons, confiants en leurs capacités, n'hésitent pas à interrompre le cours, à discuter avec les professeurs, ce qui, en contrepartie, persuade l'enseignant de la supériorité masculine en la matière.

Les parents, en particulier les mères, jouent un rôle prépondérant. Mille deux cents d'entre elles, au Japon, aux Etats-Unis, à Taiwan, ont été interrogées par le Pr Max Lummis, de l'université du Michigan. Toutes

Une classe mixte : c'est entre 13 et 17 ans que l'écart peut se creuser.

Pourtant, des études antérieures, portant sur des jeunes âgés de 17 ans, semblent contredire les résultats du Pr Hanna. Un exemple, celui du National Assessment of Educational Progress — une batterie de tests effectués tous les quatre ans, aux Etats-Unis — met en évidence une nette différence entre les performances des adolescentes et des adolescents, en faveur de ces derniers. Et plus le niveau des cours est haut, plus l'écart se creuse. Que se passe-t-il donc entre 13 et 17 ans ? Pourquoi, durant ces quatre années, la balance va-t-elle se déséquilibrer et favoriser les garçons ? La réponse, c'est le Pr George Stanic, de l'université de Géorgie, qui l'a apportée, durant la conférence de Boston. « Les performances en mathématiques des étudiants, explique-t-il, sont largement influencées par un ensemble de facteurs : l'attitude de leurs proches, des enseignants, des

semblaient persuadées de la supériorité des garçons en mathématiques. Souvent, sans le vouloir, par leurs attitudes, leurs attentes, elles renforcent donc les différences.

« Il n'y a pas de bonnes études sur les écarts en mathématiques entre les sexes si l'on ne tient pas compte des facteurs socioculturels », commente le Pr Stanic, qui, pour illustrer ses propos, conclut sur une jolie histoire. Des enfants non scolarisés du Liberia avaient été décrétés totalement inaptes aux mathématiques. Ils obtenaient des résultats plus que médiocres lorsqu'il s'agissait de classer et de reconnaître des formes géométriques. Le test fut recommencé. Mais, cette fois, les figures traditionnelles étaient faites de grains de riz. Et les petits Libériens firent mieux que leurs camarades, gavés de jeux et de télévision, des Etats-Unis.

FRANÇOISE HARROIS-MONIN ■

1 What conclusion is drawn from official statistics in France?
2 What questions are raised by this?
3 What scientific explanations have been put forward?
4 What reason is given for taking the latest American research seriously?
5 Compare the performances of boys and girls in the USA with those of their French counterparts.
6 What, according to the latest research, do the determining factors appear to be?
7 Translate the fifth paragraph (beginning 'Pourtant. . .').

Speaking 1

Study this advertisement for the INSTITUT DE PREPARATION AUX GRANDES ECOLES, then be prepared both to answer the specific questions asked and to discuss the various issues raised.

INSTITUT DE PRÉPARATION AUX GRANDES ÉCOLES

rentrée 1986

Ouverture d'une nouvelle terminale B

orientée grandes écoles de gestion,
études internationales et Sciences Po.

Une pédagogie de la réussite fondée sur la motivation, un entraînement intensif en langues, en mathématiques, en expression orale, des apports méthodologiques, des stages en entreprise.

IPGE : l'ambiance et la rigueur d'une prépa dès la terminale

25, rue François-Iᵉʳ 75008 Paris - Tél. : 47.23.72.94
établissement privé d'enseignement

- -

Admission immédiate sur dossier et entretien

Pour tous renseignements : IPGE, 25, rue François-Iᵉʳ
75008 Paris - Tél. : 47.23.72.94

M 1

Nom _____ Tél. _____

Adresse _____

dernière classe suivie _____ série _____

---

1 Savez-vous ce que c'est qu'une 'Grande Ecole'?
2 De quelles Grandes Ecoles s'agit-il ici?
3 Comment cet Institut se fait-il valoir?
4 Qu'est-ce qu'on entend par 'apports méthodologiques', pensez-vous?
5 Comment un étudiant peut-il profiter d'un 'stage en entreprise'?
6 Pourquoi parle-t-on de la 'rigueur' de cette préparation?
7 Comment savez-vous qu'il faut payer les cours à cet Institut?
8 Est-ce qu'il suffit d'envoyer une demande écrite à l'Institut?
9 Qu'est-ce qu'on veut savoir sur les études que vous avez déjà faites?
10 Etes-vous prêt(e) à payer cher votre éducation ou formation, ou celle de vos enfants?

Speaking 2

Study this advertisement for a post at the University of Geneva, then be prepared both to answer the specific questions asked and to discuss the various issues raised.

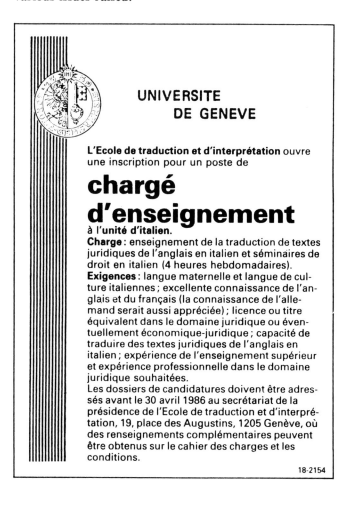

UNIVERSITE
DE GENEVE

L'Ecole de traduction et d'interprétation ouvre une inscription pour un poste de

chargé d'enseignement
à l'unité d'italien.

Charge : enseignement de la traduction de textes juridiques de l'anglais en italien et séminaires de droit en italien (4 heures hebdomadaires).

Exigences : langue maternelle et langue de culture italiennes ; excellente connaissance de l'anglais et du français (la connaissance de l'allemand serait aussi appréciée) ; licence ou titre équivalent dans le domaine juridique ou éventuellement économique-juridique ; capacité de traduire des textes juridiques de l'anglais en italien ; expérience de l'enseignement supérieur et expérience professionnelle dans le domaine juridique souhaitées.

Les dossiers de candidatures doivent être adressés avant le 30 avril 1986 au secrétariat de la présidence de l'Ecole de traduction et d'interprétation, 19, place des Augustins, 1205 Genève, où des renseignements complémentaires peuvent être obtenus sur le cahier des charges et les conditions.

18-2154

1 A qui se destine cette publicité?
2 Quelles sont les heures de travail?
3 De quelle nationalité faut-il être pour demander ce poste et quelles autres langues faut-il connaître?
4 Quel diplôme faut-il détenir?
5 Pourquoi ce poste ne conviendrait-il pas à quelqu'un qui vient de terminer ses études?
6 Quels renseignements trouve-t-on dans un 'cahier des charges'?
7 Aimeriez-vous avoir un tel poste? Pourquoi (pas)?
8 Si c'était vous qui deviez choisir parmi les candidats demandant ce poste, quelles qualités rechercheriez-vous?

Sujets à discuter

Est-ce que les ordinateurs pourraient remplacer les enseignants dans quelques années?

'Les années scolaires sont les plus heureuses de la vie.' Etes-vous d'accord avec ce sentiment?

Les examens – un mal nécessaire?

L'école est-elle une perte de temps? Voudriez-vous améliorer les programmes et de quelle façon?

Further vocabulary

apprendre par cœur
le bonnet d'âne
brillant
un bulletin scolaire
un cancre
une carrière
la chaire
une composition
un concours
corriger
un cours
un cycle
une dissertation
doué
échouer à un examen
entrer à l'université
être fort en ...
être nul en ...

être reçu à un examen
une explication
la faculté
la formation
le lycée
une matière
(avec) mention
noter
l'orientation (f)
passer un examen
le programme
les progrès
redoubler
la rentrée scolaire
réussir à un examen
la scolarité
la spécialisation

Listening 1

Listen to PIERRE QUINON talking about the place occupied by sport in French education, then try and summarise what he says.

Check list

faille
à part entière
au même titre que ...
note
bilan

Language to use

ce n'est pas le cas

VIVIANE GRANSART

Viviane Gransart est capitaine dans l'Armée du Salut. Le colonel qui est le Chef du Territoire en France de cette organisation internationale nous a fait bon accueil mais, étant d'origine suédoise, il a préféré que ce soit le capitaine Viviane qui nous parle à sa place puisqu'elle est française. Elle nous a décrit le travail social important de l'Armée du Salut en France, pays catholique où les protestants ne sont qu'une petite minorité.

C'est parce qu'elle nous a dit qu'elle avait été professeur de musique avant de devenir officier dans l'Armée du Salut que nous lui avons demandé son opinion sur l'enseignement de la religion en France.

Listening 2

Listen to VIVIANE GRANSART talking about religious education in French schools. What reasons does she give for including religious education in the school curriculum? Do you agree with her?

Check list

ancêtre   chrétien engagé
athée   foi
prétendre   prêtrise
filière   éducateur
baptiser   tonique
s'en soucier

Language to use

dans la mesure où ...
ça fait partie de...
quoi que ce soit
d'une semaine à l'autre
du point de vue ...

Listening 3

Listen to YVES PACCALET talking about the main purpose of education, then summarise what he says.

Check list

cerveau
se nourrir
banalité
individu
le Liban
but

Language to use

bien sûr
vivre en société
regarder les choses à fond

Listening 4

Listen to CECILE OUSSET talking about the teaching of music in schools. What does she consider essential in musical education? How does she compare the teaching of music in French and English schools? How does she think parents can help?

Check list

chant choral
flûte à bec
orgue
portatif
navrant
approche
conservatoire

Language to use

ça, c'est une bonne chose
de temps en temps
il existe . . .
s'intéresser à . . .
suffisamment
ce que je veux dire

Listening **5**

Listen to JEAN-LOUIS CURTIS talking about the teaching of Latin and of literature, then answer the questions.

1 What does Jean-Louis Curtis say that Latin teaches children?
2 How, according to Jean-Louis Curtis, does the teaching of Latin affect people's relationships with each other?
3 What social inequalities are becoming less evident today?
4 What, according to Jean-Louis Curtis, is it necessary to teach before beginning to study literature?
5 To whom does Jean-Louis Curtis say he owes everything and why?
6 What handicaps many ten-year-olds in France today?
7 What old-fashioned teaching methods does Jean-Louis Curtis advocate?
8 What does he think these teaching methods enable children to do?

Check list	*Language to use*
égalitarisme	j'irais même plus loin
utopique	je suis persuadé que . . .
atténuer	j'en suis presque sûr
se brouiller	comment voulez-vous que . . .
décortiquer	

UNIT 10
The protection of the environment

Pour satisfaire à des besoins matériels de plus en plus exigeants, les hommes du vingtième siècle remplacent les processus naturels cycliques par des processus linéaires et ils négligent parfois la fin de la chaîne. Que faire des matières plastiques qui ne sont pas combustibles ou des résidus nucléaires dangereux pour l'homme?

Chaque année les Français rejettent 230 millions de tonnes de déchets, c'est-à-dire 115 kilos par habitant et par jour. Aussi n'est-il guère étonnant que les écologistes s'inquiètent de l'environnement et qu'ils nous mettent en garde contre les risques de pollution de l'eau, de l'air et de la terre.

En ce qui concerne l'eau, les mers, les rivières et quelquefois les lacs et les étangs, la pollution provient des résidus domestiques, industriels et agricoles, ou des déchets déversés par les navires lors d'une catastrophe. On a beaucoup parlé de 'marée noire' provoquée par des bateaux comme l'Amoco-Cadiz en 1978.

Même si on note une amélioration depuis quelques années due à une réglementation plus stricte de la navigation et à la multiplication des stations d'épuration, plus de la moitié des rivières françaises ont encore une eau de mauvaise qualité et 30% des plages restent polluées. Les poissons et les oiseaux souffrent non seulement des marées noires mais aussi des abus de la pêche.

En ce qui concerne la terre, on s'inquiète des pluies acides causées par les combustions qui produisent des oxydes de soufre et d'azote et qui se transforment en acide sulfurique et nitrique, rongent les bâtiments, les matériaux et la végétation et font dépérir les forêts comme celle des Vosges dans l'est de la France. Dans le sud, les incendies causés en été par la mauvaise maintenance des forêts, les négligences des promeneurs ou les actions des pyromanes, ravagent les forêts. Dans ces mêmes forêts et partout dans les campagnes de plus en plus d'espèces vivantes sont menacées d'extinction par les chasseurs.

En ce qui concerne l'air, l'utilisation du charbon, du pétrole et du gaz augmente la teneur en gaz carbonique de l'atmosphère. C'est pourquoi depuis dix ans on fait des efforts en France, en conformité avec les directives européennes, pour réduire la pollution industrielle et domestique. C'est pourquoi on commence à se rendre compte qu'il vaudrait mieux vendre de l'essence sans plomb.

Peut-être que la crainte la plus profonde des Français est liée à la pollution nucléaire. On sait depuis la fin de la Seconde Guerre Mondiale, et le bombardement atomique de la ville japonaise d'Hiroshima, que la radioactivité à forte dose provoque des cancers et la mort dans l'homme à plus ou moins longue échéance. C'est pourquoi le monde entier s'est ému de l'accident qui s'est produit en 1986 à Tchernobyl, en Union Soviétique. On parle souvent de 'l'hiver nucléaire' qui se présenterait si le ciel venait à s'obscurcir de poussières et de débris nucléaires.

On peut ajouter à ces différents types de pollution les problèmes causés par le bruit, surtout en ville, où on entend des machines en marche, les véhicules, la musique forte, les chiens qui aboient, les sirènes de la police, etc.

Ceux qui travaillent pour protéger notre environnement nous parlent de ces menaces, en insistant sur la nécessité d'améliorer les procédés techniques, d'avoir des règles et des contrôles plus stricts et de réorganiser peut-être la société en changeant nos modes de vie pour assurer le maintien de notre planète telle que nous la connaissons.

Reading 1

Read this passage about the environment, then answer the questions which follow.

ENVIRONNEMENT

● **Menace de pollution en mer du Nord.** — Le naufrage d'un cargo transportant des poussières et des déchets métalliques (plomb, arsenic et métaux lourds), le 7 juillet, menace de polluer une partie de la mer du Nord, au large des Pays-Bas, a déclaré, samedi 19 juillet, un porte-parole de l'Office des eaux néerlandais, M. Evert Van Dam. Le cargo, dont on ne connaît pas l'armateur — pas plus qu'on ne connaît le propriétaire de la cargaison, — repose actuellement par 28 mètres de fond à une cinquantaine de miles au large de la côte nord-ouest des Pays-Bas ; mais « *si une fuite se produisait, ce serait extrêmement dangereux pour la vie marine dans ce secteur* », a ajouté M. Van Dam. — *(Reuter.)*

● **Des ordures luxembourgeoises incinérées en France.** — La France a proposé, le 19 juillet, de récupérer les ordures ménagères du sud du Luxembourg, où un grave incendie a détruit quatre incinérateurs, évacuant quotidiennement 400 tonnes de déchets. Les ordures seront provisoirement transférées en France à Hussigny, près de Longwy (Meurthe-et-Moselle) pour incinération, aussi longtemps que les fours de Leudelange seront hors service, soit plusieurs semaines. La proposition française a été acceptée par le gouvernement luxembourgeois, dont les relations avec la France sont affectées par la mise en service prochaine de la centrale nucléaire de Cattenom (à quelques kilomètres de la frontière entre les deux pays). — *(AFP.)*

Check list

déchet	fuite
au large de	ordures ménagères
cargo	four
armateur	centrale

Language to use

soit

1 What happened to the ship?
2 What is not known about it?
3 Why might it pollute the sea?
4 Who is most worried about it and why?
5 Why does Luxemburg need help?
6 What help has France offered?
7 What has affected relations between the two countries?

Reading 2

Read the passage opposite about trees, then answer the questions.

Check list	*Language to use*
répandu	davantage
aire de stationnement	de plus en plus
mécénat	les uns des autres
béton	
les pépiniéristes	
les verts	

1 Why did Hubert Robert admire the umbrella pines of Provence?
2 What other attractions have these trees to offer?
3 What criticism is made of the way we look at trees and our actions on their behalf?
4 What are the plane trees like between Vernon and Pacy-sur-Eure?
5 What did Colbert have done in order to provide wood for the navy?
6 What should the wives of important men do and what might be created if they did this?
7 How could children benefit by this?
8 Of what were the ladies previously patrons and why was this less advantageous than the patronage of trees?
9 What will be the consequences of the disappearance of trees?
10 Why do men often prefer building towers to trees?
11 What solution is suggested to this problem?
12 What could ecologists do to help matters?
13 What had Buffon to say on this subject?

Qui parle pour les arbres ?

PAR RENÉ SERVOISE

DANS le massif de la Sainte-Baume en Provence, les pins parasols marquent le paysage de leurs ombrelles. Hubert Robert admirait la grâce de ces arbres consacrés à Cybèle et associe leur noblesse à celle des ruines antiques. Corot les a peints à Rome et Cézanne dans l'Estaque. Ils ont tout pour séduire : élégance de leur profil, beauté de leur écorce aux larges plaques rouges, cônes aux belles écailles et pignons amusants à croquer. Enfin, des aiguilles à la couleur plus gaie que le vert sombre d'autres résineux. Pourquoi cet admirable conifère n'est-il pas davantage répandu dans le Midi ?

Nous regardons de plus en plus les arbres sans les distinguer les uns des autres. Nous ne combattons ni pour leur survie ni pour leur propagation. Lorsqu'ils subsistent des deux côtés de certains chemins du XVIIᵉ siècle (Colbert ordonne de planter ainsi des ormes pour créer des réserves pour la marine), la taille qui leur est infligée les réduit parfois à l'état d'allumettes verticales, ainsi les platanes entre Vernon et Pacy-sur-Eure.

Qui parle pour les arbres parmi les épouses (et les petites amies) de nos princes, ou celles des présidents de société responsables des dizaines de milliers de stations d'essence ? Si certaines de ces dames plaidaient pour la création d'aires de stationnement avec des arbres, elles obtiendraient certainement la création de véritables *arboretum* régionaux près des autoroutes. Ceux-ci redonneraient aux enfants une familiarité avec les trembles, charmes, aulnes, robiniers, mûriers et micocouliers. Voici un « mécénat » plus durable par ses effets que celui en faveur des courses de voiliers sur les mers sans mémoire.

Qui parle pour les arbres parmi les ingénieurs, architectes et promoteurs ? Pour ces mal-aimés dans une civilisation où le béton, le verre et le plastique remplacent le bois ; où le minéral succède au végétal ; l'artifice à la nature ; où la disparition des arbres entraîne celle de la perception de l'alternance des saisons, l'élimination des oiseaux et de leurs chants ? L'arbre a, contre lui, de demander du « temps » pour croître. Il contrarie l'impatience. Une tour s'élève plus vite qu'un chêne ou qu'un hêtre. Il y a un remède. Des pépiniéristes sont fort capables de fournir des sujets de toutes tailles. Ils les apportaient déjà pour les parcs de Vaux-le-Vicomte et de Versailles.

Qui parle pour les arbres parmi les écologistes ? Ils s'assemblent pour dénoncer la pollution et exiger de l'État des mesures. Erreur. Si les « verts » ne s'insurgeaient pas contre, mais se battaient pour des projets concrets, ils emporteraient notre concours.

Nous vivons sur un héritage difficilement maintenu par nos forestiers aux uniformes verts. « La France périra faute de bois », avertissait Colbert, et Buffon écrivait : « En multipliant les espèces utiles, l'homme ennoblit la suite entière des êtres et s'annoblit lui-même. »

A notre époque, qui parle pour les arbres ?

René SERVOISE.

Reading 3

Read the passage opposite about French cathedrals, then answer the questions which follow.

Check list

pluies acides
restauration
patrimoine
s'enfoncer
nettoyer
chantier
dénombrement
réfection

Language to use

en principe
c'est-à-dire
pour en juger
somme toute

1 Of what does the author suspect Jacques Chirac?
2 Why does the author believe that Chirac's decision is justified?
3 What are an extra 200 million francs needed for?
4 What major restoration work needs to be done to nearly all the cathedrals?
5 What other work needs to be done at (**a**) Strasbourg, (**b**) Reims, (**c**) Beauvais, (**d**) Amiens, and (**e**) Chartres?
6 On what are the 200 million francs promised by the government in 1988 to be spent?
7 Translate the third paragraph.

Cathédrales en perdition

La maladie de la pierre, les pluies acides, l'âge et même le vent menacent les cathédrales C'est le plus chéri de nos mythes qu'il faut sauver.

En annonçant, le 9 juillet, que leur restauration serait une des trois priorités de la loi-programme sur le patrimoine qu'il compte faire voter à l'automne, Jacques Chirac va-t-il ériger les cathédrales en symboles de la culture de droite, comme Jack Lang fit des colonnes de Buren, des piles d'Arman et de la tour de Dubuffet les symboles de la culture de gauche ? En principe, pourtant, ce coup de projecteur sur les quatre-vingt-sept cathédrales appartenant à l'Etat est amplement justifié par le péril grave qui menace une vingtaine d'entre elles, dont deux joyaux (Amiens et Chartres) qui figurent sur la liste du « patrimoine mondial » de l'Unesco.

« *L'Etat investit actuellement 90 millions de francs par an dans les cathédrales* », dit Jean-Pierre Bady, directeur du patrimoine au ministère de la Culture, mais « *les besoins se montent à 1,3 milliard, sans compter la restauration des orgues et des objets mobiliers, qui nécessitent encore 200 millions* ». Il faut, en effet, non seulement soigner la lèpre qui atteint le décor extérieur de la plupart d'entre elles, mais de surcroît stabiliser Strasbourg et Rodez, qui s'enfoncent, Reims, qui se fissure, et Beauvais, qui se balance au vent ; nettoyer les façades d'Amiens, sauver la statuaire de Reims, réparer les vitraux de Chartres et protéger ceux de Soissons et de Bordeaux, achever la réparation des dommages causés à Strasbourg par les bombardements de 1944... et à Reims par la guerre de 14-18 ! Même étalée sur cinq ans, comme le prévoit la loi, l'exécution intégrale du programme cathédrales supposerait une augmentation des crédits an-nuels de 210 millions. C'est-à-dire davantage que ce qu'a annoncé le Premier ministre pour l'ensemble du patrimoine aidé (+ 200 millions en 1988).

Excessif, le coût de ces cathédrales imprudemment « nationalisées » en 1905, et dont l'énorme masse de pierre ouvragée pèse depuis sur les contribuables ? Il faut, pour en juger, le rapprocher des sommes investies dans certains grands chantiers parisiens actuels, comme l'Opéra-Bastille (2,3 milliards) ou le Grand Louvre (5 milliards en deux tranches). Il faudrait aussi rapporter ce coût à la fréquentation touristique des cathédrales. « *On vient voir la cathédrale de Strasbourg du monde entier, par cars, trains et avions pleins* », affirme son architecte en chef, Pierre Prunet. « *Peut-on alors parler vraiment d'une charge pour l'Etat ?* » Le ministère de la Culture évalue à 100 millions le nombre annuel des visites dans les cathédrales françaises. Mais la plupart de ces visites sont gratuites, ce qui rend approximatif leur dénombrement. A elle seule, Notre-Dame de Paris attirerait cependant entre 7 et 10 millions de touristes (autant que Beaubourg, dit-on fièrement à la Direction du patrimoine). On est en tout cas certain que 655 000 personnes ont payé, en 1985, pour grimper dans ses tours (les plus visitées de France après la tour Eiffel) et descendre dans sa crypte. Cette même année 1985, le musée du Louvre a eu 3,2 millions d'entrées, dont 2 millions payantes. Et la capacité annuelle d'accueil de l'Opéra-Bastille sera d'environ 800 000 places. Somme toute, la réfection des cathédrales n'est, à ce compte, pas chère : entre 1 et 2 francs par visiteur.

Speaking 1

Study the newspaper item opposite, then be prepared both to answer the specific questions asked and to discuss the various issues raised.

1 Comment expliquez-vous le titre de cet article?
2 Quels sont les deux principaux moyens dont on parle ici pour empêcher la pollution par le plomb?
3 Que fait le mécanicien sur la plus petite photo?
4 Qu'est-ce que vous pouvez dire sur la voiture que vous voyez sur la grande image? (Savez-vous où elle est immatriculée, par exemple?)
5 Pourquoi certains automobilistes étrangers ont-ils eu des problèmes en France cette année?
6 Pensez-vous que l'emploi de l'essence sans plomb soit une mesure très importante dans la lutte contre la pollution? Pourquoi (pas)?
7 Pouvez-vous parler d'autres mesures qu'on a déjà prises ou que l'on devrait prendre?

SCIENCES ▶

POLLUTION

La chasse au plomb

Rouler à l'essence « propre » en France, ça démarre en 1988. En tête, les voitures neuves de grosse cylindrée.

Le pot catalytique « trifonctionnel » (en haut) élimine jusqu'à 90 % de la pollution automobile.

Cette année, ça ne s'est pas si mal passé. On a bien vu quelques automobilistes néerlandais en panne de « loodvrije benzine », quelques Allemands à sec de « Bleifrei », une poignée de Scandinaves cherchant désespérément un plein de « Blyfri ». Mais moins que l'été précédent. Les vacanciers se sont vu remettre, à la frontière, une petite plaquette indiquant les adresses des 276 stations-service distribuant de l'essence sans plomb. Ils ont pu rouler sans risque d'abîmer leur précieux pot catalytique, moyennant parfois force détours. Car moins d'une station sur cent (276 sur 30 000) offre cette précieuse denrée : c'est peu, face, par exemple, aux 9 000 stations néerlandaises.

L'été prochain, l'essence sans plomb ne sera vendue dans l'Hexagone qu'aux touristes. Mais en octobre 1988 apparaîtront les premières voitures françaises qui devront obligatoirement l'utiliser.

Ajouter du plomb permet d'améliorer à moindres frais l'indice d'octane de l'essence. Mais le plomb présente deux inconvénients. Par lui-même, c'est une source de pollution importante, susceptible d'entraîner des troubles sur le système nerveux. On a déjà diminué ce risque en abaissant la teneur en plomb. Mais on ne peut s'en tenir là, car celui-ci, même à faible dose, « empoisonne » les pots d'échappement catalytiques « trifonctionnels », seule technologie capable d'éliminer 90 % des autres principaux polluants automobiles. La mise sur le marché d'essence sans plomb a donc pour objectif principal de permettre l'adoption de normes antipollution sévères.

Speaking 2

Study the advertisement opposite, then be prepared both to answer the specific questions asked and to discuss the various issues raised.

1 Que font toutes les compagnies mentionnées ici, croyez-vous?
2 A qui cette publicité est-elle destinée?
3 Pouvez-vous expliquer le double sens du mot *naturel* qui apparaît dans la citation donnée?
4 Comment l'emploi du gaz peut-il préserver l'environnement?
5 Que faut-il faire si on emploie un autre moyen de chauffage, comme le charbon, par exemple?
6 Que pensez-vous du choix des adjectifs *discrète* et *fidèle* pour décrire la flamme?
7 A part avec du gaz ou du charbon, comment peut-on chauffer l'eau? Que savez-vous de ces autres moyens de chauffage et lequel choisiriez-vous pour chauffer votre maison?
8 Savez-vous pourquoi ceux qui veulent préserver l'environnement protestent contre les moyens de chauffage?

Sujets à discuter

Quelles mesures prendriez-vous si vous étiez ministre de l'environnement? Donnez vos raisons.

Si l'on vous proposait d'installer une centrale nucléaire dans votre région, seriez-vous pour ou contre une telle proposition? Expliquez votre attitude.

Quelle a été, à votre avis, l'invention la plus désastreuse de notre ère technologique? Expliquez votre point de vue.

Further vocabulary

bruyant	le pétrole
une catastrophe écologique	le pétrolier
détruire	polluer
l'écologie (f)	les produits toxiques (m)
un écologiste	la propreté
être en voie de disparition	le résidu
la fumée	le tuyau d'échappement
la marée noire	

YVES PACCALET

Yves Paccalet, né en 1945, a toujours été passionné par tous les problèmes de la nature et il a contribué à développer le mouvement écologique en France, notamment en composant un Dossier sur l'énergie nucléaire.

Il a rencontré le célèbre JACQUES-YVES COUSTEAU il y a quinze ans en travaillant avec lui aux vingt volumes de l'Encyclopédie des océans. Yves Paccalet a certainement une grande admiration pour le commandant Cousteau, qui est né en 1910 et qui a consacré sa vie à l'exploration de la mer et à la lutte contre la pollution. Navigateur, explorateur, plongeur, inventeur, écrivain, cinéaste, Jacques-Yves Cousteau est considéré par 73% des Français (d'après un sondage récent) comme 'le plus sympathique des Français'.

Leur commune passion pour la mer et leur préoccupation devant les dangers de la pollution sous toutes ses formes ont réuni Jacques-Yves Cousteau et Yves Paccalet dans d'autres entreprises. Ils ont souvent voyagé ensemble à bord du Calypso *– le bateau de Cousteau – et ils ont écrit ensemble des livres tels que* L'Almanach Cousteau de l'environnement, La Planète des baleines, Les Surprises de la mer *et* La Vie au bout du monde.

Listening 1

Listen to **YVES PACCALET** talking about the pollution of the sea and then answer the questions.

1 What pollutes the sea according to Yves Paccalet?
2 By what two means does this pollution reach the sea?
3 What is the chief source of pollution in the sea?
4 What typifies rich parts of the sea where coral reefs are found?
5 What regions are known as the 'pantry' or 'nursery' of the sea?
6 What is man doing to these parts of the sea?
7 Which activity is seen as being particularly worthless there?

Check list		*Language to use*
déverser	garde-manger	en particulier
saccage	pouponnière	que + subjunctive . . . que +
comporter	se reproduire	subjunctive
récif	pelle	je vous explique en deux mots
courant	revendication	cinquante mètres de profondeur
remontée	creuser	à la fois
rivage	port de plaisance	il faut absolument
côte		et ainsi de suite
côtière		
algue		

Listening **2**

First, listen to YVES PACCALET talking about the conflict between the protection of the environment and the exploitation of resources. Then answer the questions and discuss the nature of the advice which the Cousteau Foundation offers to industrialists.

1 How does the Cousteau Foundation resolve conflicts between the need for conservation and the need to exploit the natural resources of the sea?
2 To whom does the Foundation offer its solutions?
3 When does it advise against using the sea's resources?

Check list

conflit
mettre en péril
espèce
faire preuve de
industriel

Language to use

de façon que + subjunctive
autant que nous puissions juger
encore faut-il avoir ...
il n'est pas question de ...

Listening **3**

Listen to YVES PACCALET talking about the way in which man is interfering with the natural process of evolution, then try and summarise what he says.

Check list

déroulement
rythme
être en jeu

Language to use

il est vrai que ...
c'est ça le problème
d'ici à l'an deux mille

Listening 4

Listen to YVES PACCALET, then try yourself to recount his underwater adventure.

Check list

murène
baleine
bathyscaphe
fosse
poussière
tache
raie

Language to use

en dessous de 2 000 mètres
ça devait être . . .
approchons-nous
juste au-dessus
c'est symbolique
en même temps

Listening 5

Listen to JEAN-LOUP DHERSE, then discuss his practical solution to help protect the natural environment.

Check list

discernement
souci
insensé
nucléaire
expliciter
gérer
proprement
salement

Language to use

qu'elles soient . . . qu'elles soient . . .
le meilleur et le pire
en pratique
pour ou contre

Listening 6

Listen to SIMON EINE talking about the protection of the environment. What are his feelings about it? Does he have any solutions to offer?

Check list

inconscient
effrayant
clairvoyance
quelconque

Language to use

on est des monstres
c'est la faute de ...

Listening 7

Listen to CECILE OUSSET and comment on her suggestions for the way individuals can help to prevent pollution.

Check list

primordial
échelle
catastrophe
chaudière
polluer

Language to use

on devrait faire davantage
ne serait-ce que ...
aussi bien de ... que de ...
cela ne suffit pas
ce n'est pas bien non plus
en premier

UNIT 11

Health

Depuis Argan, le malade imaginaire de Molière, jusqu'au Français d'aujourd'hui qui y consacre 14.8% de son budget familial, les Français ont toujours attaché une très grande importance à leur santé.

En France on achète beaucoup de médicaments: trois fois plus que les Britanniques et deux fois plus que les Américains.

En moins de trente ans le nombre de médecins libéraux en France a presque triplé. S'il y a 165 médecins en Grande Bretagne pour 100 000 habitants, il y en a 256 en France. Presque la moitié des médecins sont des femmes et on en trouve davantage dans le sud que dans le nord. Beaucoup d'entre eux sont obligés de faire un grand effort pour attirer de nouveaux patients, car les Français préfèrent se soigner eux-mêmes ou aller chez un voisin ou le pharmacien pour demander conseil. Même quand ils consultent un médecin, les Français ne lui obéissent pas toujours. Ils s'intéressent de plus en plus aux 'autres médecines', comme l'homéopathie, l'acupuncture, l'aromathérapie ou la phytothérapie.

Une consultation coûtait en 1990 un minimum de 80F. Le gouvernement rembourse 75% du montant de la consultation et des médicaments prescrits par le médecin et prend à sa charge 75% des frais d'hospitalisation.

Malgré les progrès réalisés par la médecine et l'espoir suscité par les greffes d'organes et les nouveaux traitements, les Français craignent toujours les maladies 'du siècle', surtout les maladies cardio-vasculaires, le cancer, la grippe et le SIDA.

Beaucoup de Français meurent des effets de l'alcoolisme (le Français boit en moyenne trois verres d'alcool par jour), du tabagisme, et de plus en plus souvent des effets de la toxicomanie. Aujourd'hui 40 000 Français se droguent régulièrement (vingt fois plus qu'en 1970) et la plupart d'entre eux sont des jeunes de moins de vingt-cinq ans.

D'autres Français atteints du stress de la vie moderne sont migraineux, insomniaques, ou déprimés. Depuis quelques années le nombre des suicides en France va croissant.

La santé est incontestablement une très grande préoccupation des Français qui passent beaucoup de temps à faire des cures, à suivre des régimes, à pratiquer des sports, à tout faire pour être en pleine forme et mieux jouir de la vie.

Reading 1

Read this passage about drug-taking, then answer the questions which follow.

Des enseignants formés à la lutte

La drogue est un fléau qui touche 25 % des adolescents de quinze à vingt ans et 2 % des jeunes de moins de quinze ans. Les établissements scolaires sont gravement concernés. La drogue, dite « douce » ou non, y circule fréquemment dans les couloirs. Après le projet du ministre de la Santé, Michèle Barzach, de dépister la consommation de la drogue chez les élèves de troisième, grâce aux analyses d'urine, le secrétaire d'Etat chargé de l'Enseignement, Michèle Alliot-Marie, a également décidé de participer elle aussi à la lutte contre le fléau. Lors d'une réunion qui s'est tenue au rectorat de Nice, elle a annoncé que les enseignants et chefs d'établissement recevront une formation spécialisée pour aider les jeunes à lutter contre la drogue.

« Le silence entourant souvent la présence de la drogue, à l'école, tient essentiellement à l'embarras du corps enseignant qui ne sait comment agir efficacement », a-t-elle expliqué. Lors de cette réunion sur la prévention des risques en milieu scolaire, le secrétaire d'Etat a également insisté pour une action concertée des enseignants, des associations spécialisées et des familles. A cet effet, on augmentera le nombre de surveillants et des appelés du contingent devraient faire leur apparition dans les établissements en qualité de médecins volontaires.

Pour Michèle Alliot-Marie, la recette de la prévention passe donc par la surveillance. Mais, de son côté, le corps enseignant qui n'a pas encore été prévenu de ces nouvelles mesures, reste prudent et ne veut en aucun cas se substituer au médecin : « Ce n'est pas notre rôle et ce serait très dangereux, affirme Claire Wasserer, responsable de formation des professeurs de collèges à Dijon. Il est souhaitable effectivement que l'enseignant soit informé pour éventuellement déceler un élève drogué, mais il n'a pas à intervenir sans son accord ou celui de sa famille. On peut être un relais, mais pas un psychologue au « rabais ».

Françoise LEMOINE.

Check list

fléau
dépister
le corps enseignant
éventuellement
déceler
au rabais

Language to use

essentiellement
insister pour
à cet effet
en aucun cas

1 Why is drug-taking described here as a scourge?
2 What does the Minister of Health intend to do about it and how?
3 Who is Michèle Alliot-Marie and what decision did she announce?
4 Who is to help teachers in the schools?
5 How have the teachers reacted to what they are being asked to do?

Reading 2

Read the passage opposite about snoring, then answer the questions.

Check list

formule
tout comme
le voile du palais
rétréci
comporter
du coup
hypertrophié
rhoncologie
Qu'on se le dise

Language to use

tout d'abord
bref
or

1 What did Jules Renard say about snoring?
2 What are said to be the effects of one person's snoring on other members of the family?
3 What, according to Claude-Henri Chouard, is the significance of snoring?
4 Which two popular beliefs are rejected in Professor Chouard's book?
5 In what circumstances does snoring occur?
6 What effect does night-time snoring have on the sufferer's daytime life?
7 Why do you think one kind of sleep is called paradoxical?
8 What makes a snorer wake frequently during the night?
9 What are the effects of the operation that is described?
10 What three old-fashioned remedies are mentioned?
11 Translate the fifth paragraph (beginning ' – Il existe . . .').

« R onfler, c'est dormir tout haut », écrivait Jules Renard. Cette belle formule cache pourtant une calamité pour le ronfleur et pour sa famille. Car si les ronflements font parfois rire, ils fatiguent et énervent beaucoup plus souvent.

— C'est même un signal d'alarme et l'expression d'un handicap respiratoire nocturne dont on connaît maintenant les degrés de gravité, affirme le professeur Claude-Henri Chouard, chef du service ORL à l'hôpital Saint-Antoine. Mais on peut le vaincre, et c'est ce qu'il explique dans un livre (1) à paraître cette semaine.

Tout d'abord, il y a deux croyances auxquelles il faut définitivement renoncer. La première est que le ronflement est un symbole de sommeil content, paisible et réparateur. C'est faux. Tout comme est fausse l'idée qu'il s'agit d'une torture plus ou moins égoïstement infligée à l'entourage. Le ronflement est une sorte de maladie. Il apparaît quand l'air que respire le dormeur rencontre un obstacle anatomique. Le voile du palais trop long, reposant sur la paroi d'un pharynx rétréci, se met à vibrer, tandis que le sujet s'asphyxie.

Bref, sans le savoir, le ronfleur passe sa nuit à se débattre. Résultat : il lui arrive de s'endormir dans la journée et d'être sujet à des vertiges.

Une nuit, en effet, comporte six à dix phases de sommeil calme et plus ou moins profond qui alternent avec des phases de sommeil agité où l'on rêve. C'est ce sommeil-là, baptisé « paradoxal », qui est le plus réparateur. Or, juste avant qu'il survienne, se situe

la phase la plus profonde du sommeil calme. Le relâchement musculaire est à son maximum. Du coup, chez les dormeurs dont le voile du palais est hypertrophié, l'asphyxie est à son comble. Cela les réveille puisqu'ils doivent absolument retrouver leur souffle. Bien sûr, le ronfleur va se rendormir, mais il lui faudra retraverser tous les différents stades du sommeil calme avant de parvenir à nouveau à la phase paradoxale indispensable au repos. Et au moment d'y arriver, nouveau sommet de l'asphyxie. Nouveau retour en urgence au niveau conscient. Et cela dure toute la nuit. Alors, que faire ?

— Il existe plus de trois cents brevets de systèmes antironflements, reconnaît le professeur Chouard, mais la plupart tendent à réveiller le ronfleur lorsque son bruit augmente. C'est illogique, dangereux et inefficace de vouloir empêcher de ronfler en empêchant le sujet de se reposer. Une seule solution : dormir sur le ventre. Car dans cette position, la pesanteur entraîne le voile du palais vers l'avant et libère le passage de l'air. Mais comment rester sur le ventre ? Il existe un truc, explique

encore le professeur Chouard. Il suffit de coudre une ou plusieurs balles de golf ou de tennis sur le côté et le dos du pyjama. C'est si inconfortable, que le dormeur se remet systématiquement sur le ventre. A moins qu'il ne s'habitue. Ce qui arrive.

Dans ce cas, alors, il n'y a plus qu'une solution, la chirurgie. On retire quelques millimètres au voile du palais.

— Dès le lendemain, l'opéré va beaucoup mieux, affirme le professeur Chouard. A peine s'il ressent une brûlure dans l'arrière-nez, comme une faible angine qui durerait une semaine. Mais le soir même, il ne ronfle déjà plus. La guérison est immédiate.

Ils sont donc à mettre au musée, les petits statagèmes qu'employaient nos grands-mères pour ne plus ronfler : les cataplasmes de pommes de terre, les bonnets de nuit, ou la cuillerée de miel. La médecine s'est enfin penchée sur le cas des ronfleurs. Elle en a même fait une science : la rhoncologie. Qu'on se le dise.

(1) « *Vaincre le ronflement et retrouver la forme* », *par le professeur Claude-Henri Chouard, Ramsay Garamont, 82 francs.*

Reading **3**

Read the passage opposite about laughter, then answer the questions.

Check list	*Language to use*
thérapeutique	on estime que
à la portée de	à coup sûr
lustres	
cicatrisation	
plaie	
désintoxiquer	
bien-être	
panacée	
apôtre	
placebo	

1 What kind of a remedy is laughter, according to the author?

2 Why, according to the Bible, should people be joyful?

3 What powers did doctors in ancient times attribute to laughter?

4 Name three more powers that people have since added to these.

5 How did Norman Cousins cure a case of ankylosing spondilitis?

6 What did the international symposium of 1982 in Washington achieve?

7 Why is laughter considered as beneficial as sport or gymnastics?

8 How is laughter good for the respiratory process?

9 In what ways can laughter improve a person's state of mind?

10 In what particular illness is medical treatment essential and laughter harmful?

11 Apart from laughter, what other ways of curing psychosomatic symptoms are mentioned?

12 How does laughter help us to get rid of cholesterol?

13 How can laughter help to relieve pain?

RIEZ, ÇA IRA MIEUX !

DIX MINUTES
DE RIRE MATIN,
MIDI, ET SOIR :
PLUS QU'UN
CONSEIL,
UNE PRESCRIPTION
MÉDICALE.
LE RIRE, CE GRAND
BIENFAITEUR
DE L'ORGANISME,
COMBAT
LES TROUBLES
DU SOMMEIL,
STIMULE
LES FACULTÉS
MENTALES
ET... LA FONCTION
ÉROTIQUE.
CE N'EST PAS
UNE BLAGUE.

Ce n'est pas un gag. Un médecin tout ce qu'il y a de plus sérieux, le Dr Henri Rubinstein, dans un livre « Psychosomatique du rire » (éd. Robert Laffont) révèle les vertus thérapeutiques de ce remède tout simple et à la portée de tous. Depuis des lustres on parle des rapports très étroits entre l'esprit et le corps, la pensée et les organes, les émotions et les symptômes pathologiques. L'idée n'est pas nouvelle. Dans la Bible déjà on lisait : « Un cœur joyeux guérit comme une médecine mais un esprit chagrin dessèche les os ». (Proverbe XVII, 22). Les médecins de l'Antiquité recommandaient le rire comme un moyen de fortifier les poumons et de renforcer l'organisme. Au cours des siècles cette théorie s'est investie de tous les pouvoirs : « Le rire rétablit les opérés, aide les mélancoliques, facilite la cicatrisation des plaies... » Bref, « la santé d'un individu est proportionnelle à la quantité de son rire ». C'est en 1976, lorsqu'un journaliste américain Norman Cousins rapporte dans une publication médicale comment il a guéri une spondylarthrite ankylosante (maladie inflammatoire des articulations) grâce au rire associé à la vitamine C, que le coup d'envoi est donné. Des chercheurs décident de consacrer leurs travaux au rire. En septembre 1982, à Washington, un symposium international, sous la présidence des Drs Fry (université de Stanford) et Goldstein (université de Temple), définit les orientations pour les futures recherches. Plus de doute. Scientifiques, neurophysiologistes sont unanimes : le rire agit sur l'organisme. Excellent exercice musculaire, il mobilise les muscles de la face jusqu'aux membres, en passant par le diaphragme et les abdominaux. Il est donc tout aussi efficace que la pratique d'un sport ou de la gymnastique. C'est aussi une technique respiratoire (inspiration et oxygénation, très amples). On estime que lorsqu'on rit, la valeur des échanges respiratoires peut atteindre le triple ou le quadruple de celle de l'état de repos. Autre avantage : stimulant psychique, le rire désintoxique le moral, prépare l'organisme à mieux répondre aux agressions, stimule les facultés intellectuelles et provoque une sensation de bien-être général.

SI VOUS SOUFFREZ D'ASTHME, DE MIGRAINE, D'UN MAL AU DOS, DE STRESS, RIEZ, RIEZ TOUT VOTRE SOÛL !

Le rire serait-il donc la panacée ? « Non, bien sûr », répond le Dr Rubinstein, grand apôtre du rire. Il serait par exemple fort mal venu de se tordre de rire si l'on a un infarctus du myocarde. Le traitement médical est évident. On considère (toutes les études s'accordent sur ces pourcentages) que 20 % des malades présentent d'authentiques désordres pathologiques nécessitant une thérapeutique médicale. Les 80 % restant ont un ensemble de symptômes psychosomatiques. Négligés, ces derniers peuvent évoluer vers une pathologie sérieuse, mais la plupart du temps, grâce à la relation médecin-malade, grâce au médicament (voire un placebo) et grâce à coup sûr au rire, ils pourraient disparaître. Alors si vous souffrez d'asthme, de cholestérol, de migraine, d'un mal au dos... riez, riez tout votre soûl. Le rire est un bon remède pour beaucoup de maux. Il lutte contre la constipation en provoquant une gymnastique abdominale. Cette action purement mécanique est évidente. Si l'on observe des gens en train de rire, les tressautements des abdominaux peuvent aller jusqu'à une authentique danse du ventre ! Le rire effectue un massage naturel du foie et des voies biliaires qui favorise l'élimination du cholestérol. Sur le pancréas ce massage a un effet régulateur de la digestion. Le rire contribue aussi à combattre l'artériosclérose et produit un effet choc sur le système neurovégétatif : tachycardie (accélération du rythme cardiaque), oppression, élancements dans la région du cœur, tous ces petits troubles fonctionnels, où l'anxiété joue un grand rôle, s'atténuent. Chez les emphysémateux, le rire agit comme une véritable réduction respiratoire en augmentant le volume d'air de réserve expiré. Et l'on peut enrayer une crise d'asthme si on parvient à faire rire le sujet. Outre ses vertus anti-douleur (il distrait l'attention et réduit la tension musculaire) le rire est un anti-stress. Il combat l'anxiété, la spasmophilie en rétablissant la balance entre le système sympathique et le système parasympathique.

Speaking 1

Study the results of an opinion poll carried out by *L'Express* in July 1987 among a thousand French people over the age of 18, then be prepared both to answer the specific questions asked and to discuss the various issues raised.

1 Avez-vous le sentiment que les médecins généralistes, par rapport à il y a une vingtaine d'années, sont aujourd'hui ...

Plus compétents 65%

Moins compétents 11%

Ne se prononcent pas 24%

2 Avez-vous un médecin de famille, c'est-à-dire un médecin que vous consultez systématiquement, quand vous avez un problème de santé, que ce soit pour vous, vos enfants ou votre conjoint?

Oui 86%

Non 14%

Ne se prononcent pas 0%

3 Si votre enfant voulait faire des études de médecine, vous ...

L'encourageriez 77%

L'en dissuaderiez 5%

Ni l'un ni l'autre 15%

Ne se prononcent pas 3%

4 Voici un certain nombre de professions ou de fonctions. En général, diriez-vous que vous faites confiance, ou pas confiance, aux ...

	Oui	Non	Sans opinion
Avocats	63%	28%	9%
Médecins	93%	6%	1%
Députés	35%	57%	8%
Professeurs	84%	12%	4%
Prêtres	66%	26%	8%
Banquiers	61%	35%	4%

5 Diriez-vous qu'il y a, en France ...

Trop de médecins généralistes 29%

Pas assez de médecins généralistes 24%

Juste ce qu'il faut 39%

Ne se prononcent pas 8%

6 Le prix d'une consultation chez un médecin généraliste est de 80 francs.
Estimez-vous que c'est ...

Cher 40%

Pas cher 29%

Juste ce qu'il faut 29%

Ne se prononcent pas 2%

1 Les Français interrogés ici, sont-ils satisfaits ou non de leurs médecins?

2 La plupart des Français, consultent-ils beaucoup de médecins différents?

3 Que pensez-vous de l'attitude des Français envers
(**a**) les médecins et (**b**) les banquiers?

4 Y a-t-il quelque chose dont un assez grand nombre de Français ne sont pas contents?

5 Y a-t-il des réponses ici que vous trouvez surprenantes? Pourquoi?

6 Comment expliquer les différentes réponses?

7 Si on vous posait les mêmes questions, quelles seraient vos réponses?

Speaking 2

Study this advertisement for a health centre, then be prepared both to answer the specific questions asked and to discuss the various issues that are raised.

"EN 8 JOURS, J'AI FAIT LE PLEIN DE FORME POUR 6 MOIS"

S'occuper de son corps pendant 8 jours, c'est bien. Tout oublier dès son retour, c'est nettement moins bien.

Au cœur des Pyrénées, LUCHON réunit spécialistes de médecine sportive et sportifs de haut niveau pour vous apprendre à être en forme.

A votre arrivée, médecins, cardiologues et diététiciennes réalisent un "check-up" afin de tout savoir de votre corps. Les informations ainsi recueillies sont confiées à un logiciel informatique qui établit un programme complet de 6 mois de remise en forme. Durant toute la semaine, au lieu de courir et de sauter à tort et à travers, des moniteurs diplômés vous apprennent à appliquer votre programme et à pratiquer tous les sports

que vous désirez (tennis, golf, jogging, randonnée, équitation).
Les installations sportives et médicales de LUCHON sont à votre entière disposition.

VITALINE est le premier stage d'apprentissage à la remise en forme.

A LUCHON, la forme est une chose sérieuse mais sûrement pas ennuyeuse.

PYRÉNÉES: LA FRONTIÈRE SAUVAGE.

stage Vitaline
Luchon, la forme!

Bon à découper et à renvoyer à :
STAGE VITALINE
OFFICE DU TOURISME– 31110 LUCHON

Nom : _____

Prénom : _____

N° : ___ Rue : _____

Localité : _____

Code postal : |__|__|__|__|__|

Je désire recevoir gratuitement le catalogue de présentation du stage Vitaline.

VSD 2

1 Dans quelle région de France se trouve Luchon? Pourquoi est-ce que l'endroit est bien choisi?
2 Savez-vous ce que c'est qu'un *stage*?
3 Qu'est-ce que ce stage vous offre de spécial?
4 Pourquoi y a-t-il un ordinateur à Luchon?
5 Qu'est-ce qu'on doit faire pendant six mois pour se remettre en forme?
6 Qu'est-ce qu'il faut faire si on veut se renseigner sur ce stage?
7 Est-ce que vous aimeriez faire un stage comme celui-ci? Pourquoi (pas)?
8 Le gouvernement devrait-il subventionner de telles cures en Angleterre, pensez-vous?

Sujets à discuter

Pensez-vous que la drogue représente un probléme sérieux pour les jeunes d'aujourd'hui?

La lutte contre les maladies de nos jours.

Comment expliquez-vous la popularité des médecines dites 'parallèles' en France?

Les problèmes posés par la longévité accrue.

Further vocabulary

une angine	la greffe (poumon, rein, cœur)
blesser	guérir
le cabinet de consultation	hospitaliser
le cancer	une intervention chirurgicale
un chirurgien	un médicament
une cicatrice	une ordonnance
la cirrhose du foie	le revendeur des drogues
une crise cardiaque	se rétablir
une cure	être souffrant
une dépression nerveuse	le stupéfiant
la drogue	un toxicomane
se droguer	la toxicomanie
une douleur	un traitement
la forme	

JACQUES LEIBOWITCH

Le SIDA, qui est une maladie contagieuse et mortelle, inquiète tout le monde. C'est pourquoi nous sommes allés à l'Hôpital Raymond Poincaré à Paris pour avoir un entretien avec le docteur Jacques Leibowitch. Le docteur Leibowitch est Président du Cercle des Médecins, il a exercé aux Etats-Unis et en Angleterre et il est professeur à l'Université René-Descartes Paris V.

Immunologiste de renom, c'est un des principaux chercheurs dans le domaine du SIDA. Le docteur Leibowitch consacre d'ailleurs la quasi-totalité de son temps à la lutte contre le SIDA et il s'occupe activement des victimes de cette maladie. Cela ne l'empêche pas de s'intéresser à d'autres choses, car c'est un homme fort cultivé qui a l'esprit ouvert sur le monde et qui aimerait vivre, dit-il, 250 ans, si cela lui était possible, pour faire tout ce dont il a envie.

Listening 1

Listen to JACQUES LEIBOWITCH talking about AIDS, then anwer the questions.

1 Why, according to Jacques Leibowitch, are more people concerned with AIDS than with other diseases?

2 Why does Jacques Leibowitch think that AIDS concerns the sociologist?

3 Why is it that not everyone is concerned on a personal level?

4 Why are some people who do not have AIDS convinced that they are suffering from the disease?

5 What kind of people are these?

6 What fails to convince them that they are not suffering from AIDS?

Check list	*Language to use*
SIDA	d'ordre général
épidémie	en général
sociologue	par conséquent
virus	entre guillemets
désordonné	compte tenu de …
incorporer	on s'aperçoit
enquête	
s'apercevoir	
minoritaire	
réfractaire	

Listening 2

Listen to JACQUES LEIBOWITCH talking about medical experiments using animals, then answer the questions.

1 What is the underlying question to which Jacques Leibowitch has no hesitation in replying?
2 Why does Jacques Leibowitch think that animals should not be used to test human medicines?
3 Why does he have doubts about the behaviour of those who experiment with animals?

Check list	*Language to use*
valoir mieux	de ce côté-là
inoculer	autrement dit
épistémologique	à l'égard de ...
expérimentation	ça augure mal
contourner	
éthique	

JEAN-FRANÇOIS BACH

Le professeur Jean-François Bach est immunologiste dans le service de néphrologie de l'Hôpital Necker à Paris mais, comme le docteur Leibowitch, il est aussi professeur d'université, et sa réputation est autant mondiale que française, étant membra de l'Académie des Sciences.

Quoiqu'il traite lui aussi le SIDA, il est spécialisé dans les greffes d'organes – cœur, poumons et reins, par exemple. Il connaît bien tous les problèmes d'ordre moral que soulèvent les greffes d'organes et a bien voulu nous en parler.

Listening 3

Listen to JEAN-FRANÇOIS BACH talking about giving permission to transplant human organs, then answer the questions.

1 What happens when organs to be transplanted are taken from children?
2 Under what circumstances does he say it is not possible to take an organ from a dead adult?
3 Why does this not happen very often?
4 How does Jean-François Bach justify the taking of organs for transplants?
5 Why does he say the relatives of people whose organs are used for transplants are often very shocked by their death?
6 How do these relatives react to the transplant itself?

Check list	*Language to use*
simplifier	d'une certaine façon
greffe	grâce à . . .
volonté	j'ai tendance à croire . . .
par écrit	
par oral	
décédé	
prélever	
prélèvement	
rein	
a posteriori	
proche	
afficher	

Listening 4

Listen to JEAN-FRANÇOIS BACH talking about the possibility of brain transplants. Discuss his views and the implications of brain transplants in the future.

Check list	*Language to use*
cerveau	ces greffes ne sont pas pour demain
théorique	en fait
	de ce point de vue
	pour l'instant

THIERRY ROBERT

Thierry Robert, accompagné de son copain Yves, nous a reçus au Centre de Toxicomanie à Brunoy dans la banlieue parisienne aussi chaleureusement et amicalement qu'il reçoit tous les drogués ou toxicomanes qui s'adressent à lui. Car Thierry Robert est lui-même un ancien toxicomane et il comprend bien tous les problèmes et les souffrances des 'toxicos'.

Thierry Robert a beaucoup d'admiration et d'amitié pour Lucien J. Engelmajer, Directeur et Fondateur de l'organisation Le Patriarche International, *qui consacre une grande partie de son temps et de son argent à aider les drogués.*

Thierry Robert ne se drogue plus. Il 's'en est sorti', nous a-t-il dit, et a retrouvé le bonheur en travaillant pour l'Association Le Patriarche. C'est pourquoi il a été ravi de nous parler. Voici les recommandations de l'Association Le Patriarche à tous les toxicomanes en exercice:

Pour éviter une grande diffusion de tous ces problèmes,
- *Il faut arrêter totalement de se droguer,*
- *Mener une vie saine sans artifice,*
- *Réapprendre les éléments essentiels de son corps, de son énergie vitale, de sa mémoire, de ses réflexes et de son esprit etc ...*
- *Propager autour de soi la volonté et le désir de faire cesser totalement la toxicomanie en arrêtant ainsi également la prostitution mâle à partenaires multiples et la prostitution féminine.*

Listening 5

Listen to THIERRY ROBERT talking about the work of the organisation
Le Patriarche, **then answer the questions.**

1 Who helps the founder/leader to run the organisation?
2 What do they do first to try to prevent drug addiction?
3 Why are centres for drug addicts situated in the countryside?
4 What are the town flats used for?
5 What do we learn about the availability of the organisation's workers?

Check list	*Language to use*
lutte	à part
drogue	dans un premier temps
toxicomane	24 heures sur 24
réhabilité	on peut nous appeler
s'en sortir	
thérapique	
inciter	
disponible	

Listening 6

Listen to JEAN-LOUP DHERSE talking about attitudes to health in France and other developed countries. Do you agree with the opinions he expresses?

Check list	*Language to use*
hygiéniste	dans ce genre de sujet
se livrer (à)	sur le plan de . . .
stressant	ce que je viens de dire
plantureux	soyons modernes

UNIT 12

Politics in France

'Comment peut-on gouverner un pays où il y a 350 variétés de fromage et je ne sais combien de partis politiques?'. C'est une question que se sont posée plus d'un Président de la République et qui souligne l'individualisme des Français en matière de politique entre autre. Face à la vie politique française l'étranger se trouve devant une surabondance de sigles (PCF, PS, FN, RPR, MRP, UDF, etc.) représentant chacun un parti politique important; globalement, cependant, on retiendra trois rassemblements politiques: la droite, la gauche et le centre.

En principe la droite se veut gardien de la prospérité économique tandis que la gauche promet une véritable justice sociale. La réalité est moins nette et les Français pensent que plusieurs années d'alternance entre des gouvernements de droite et des gouvernements de gauche ne leur ont pas apporté la société dont ils avaient rêvé. Le choix traditionnel entre la droite et la gauche est donc un peu désuet et les Français en sont venus à penser qu'il n'était pas impossible de gouverner le pays avec un Président de gauche et un Premier Ministre de droite, vivant, comme on dit, en cohabitation.

Mais la droite et la gauche ne forme, ni l'une ni l'autre, une entité bien définie. Ce sont plutôt des rassemblements assez flous de partis qui ont chacun leur leader. D'ailleurs, exception faite de ceux qui aiment la politique communiste ou de ceux qui souhaitent la réalisation du programme raciste du Front National, l'électorat ne s'enthousiasme plus beaucoup pour la division traditionnelle droite/gauche.

D'ailleurs les Français se méfient un peu des hommes politiques. En 1985, en réponse à la question 'En général, est-ce que les hommes politiques sont des gens de bien?' dix-sept pour cent seulement répondaient par l'affirmative. C'était déjà plus qu'en 1984: à cette époque ils n'étaient que 14% à admirer les hommes politiques. N'empêche que certains hommes (ou certaines femmes) politiques jouissent depuis plusieurs années de l'admiration d'à peu près la moitié des Français; on voit là encore un exemple de l'individualisme des Français qui ne voient aucune contradiction à admirer un homme politique sans forcément aimer le parti qu'il représente.

Cela ne veut pas dire cependant qu'il n'y ait pas consensus; au contraire, les Français sont très attachés aux droits fondamentaux que leur avait laissé espérer la Révolution de 1789 et ils reconnaissent que certains principes transcendent les différences politiques: s'il s'agit de la liberté de l'individu, de la modernisation ou de l'indépendance nationale ces différences tendent à disparaître. Ils prennent très au sérieux leurs droits et leurs obligations civiques; ils préféreraient cependant que les hommes politiques soient plus sincères et que la morale et les principes aient une place plus importante dans la politique, qu'ils considèrent après tout comme une activité honorable.

Reading 1

Read this passage about the French political scene during the run-up to the 1988 Presidential election, then answer the questions which follow. (N.B. *Les colonnes de Buren* refers to a controversial piece of architecture recently built in Paris.)

Les colonnes de Buren

Et si le paysage politique ressemblait aux colonnes de Buren ? Les personnages paraissent, en effet, avoir été placés là par un maître de l'art, mais sans inspiration particulière. Ils semblent voués à l'immobilité.

L'artiste, c'est évidemment le président de la République : tout s'organise autour de lui. Il choisit la date de son entrée en scène — celle-ci est l'élément-clé de la première phase de la campagne — comme le terrain du débat : par exemple, la défense, donc la sécurité extérieure du pays, qui est non seulement une matière présidentielle par excellence, mais aussi le sujet sur lequel le premier ministre, par fonctions, ne peut que s'incliner. Reste bien sûr le choix de l'adversaire qui, apparemment, lui échappe, tant est grande l'incertitude sur le sort de la primaire au sein de la majorité.

Telle est bien la seule originalité de cette morne campagne : l'incertitude concerne moins le second tour, pour lequel les sondages donnent tous M. Mitterrand gagnant, que le premier, pour lequel lesdits sondages se contredisent, tant l'électorat conservateur paraît fluide.

Tout concourt, apparemment, à la réélection du président sortant : il est hégémonique à gauche ; le partage, à droite, est équilibré ; l'extrême droite (et donc le vote protestataire) ne faiblit pas. Le seul obstacle majeur qui pourrait surgir sur sa route serait une cristallisation à droite, et une dynamique autour de l'un ou l'autre des candidats de ce « camp », comme dit M. Giscard d'Estaing. Or le sort de cette primaire pourrait bien dépendre... du calendrier présidentiel.

Des deux candidats de la droite, c'est M. Chirac qui a le plus avancé, ne serait-ce que parce que, à l'automne, il était nettement distancé. Il doit de s'être remis en selle au fait d'avoir précipité un mouvement prévu seulement — il en avait convenu avec M. Barre — au mois de février. Il le doit aussi à une réévaluation, positive, du bilan du gouvernement : le krach boursier est déjà loin et les succès sécuritaires pleuvent.

D'une campagne à l'autre

M. Chirac profite, en outre, de la cohabitation : les deux sommets de Bruxelles sont venus à point nommé pour montrer que président et premier ministre sont conscients de leurs responsabilités. Résultat : M. Chirac a gagné en mesure, et fait pièce ainsi efficacement à la « virevolte » dénoncée par M. Barre. Ce dernier est, il est vrai, gêné plus que servi par une UDF qui tire à hue et à dia, et fait apparaître le RPR, par contraste, comme une machine parfaitement huilée et performante.

Enfin, M. Chirac a pour lui le soutien du noyau dur de la droite, ces catholiques pratiquants qui, majoritairement, le préfèrent à M. Barre (1).

Il reste que le premier ministre n'a pas su, ou pu, prendre un avantage décisif sur son rival. Le « déclic », tant annoncé à Matignon, ne s'est pas encore produit. Et M. Chirac pourrait bien avoir mangé son pain blanc.

En partant le premier, il a certes créé autour de lui un micro-climat

Continued →

favorable, mais il a surtout profité d'un moment éphémère de faible intérêt de l'opinion. A mesure que celle-ci fait ses choix, le jeu se resserre.

D'autre part, cette même opinion est devenue prudente, sinon sceptique : il n'est pas sûr que « l'Etat-Père Noël », comme dit M. Madelin, ou le « jackpot » permanent, selon l'expression consacrée par M. Mitterrand, bref, que les promesses mirobolantes soient aussi goûtées qu'elles le furent en 1981 au profit du même François Mitterrand. Elles donnent prise, aujourd'hui, à une accusation d'électoralisme, à laquelle sont sensibles les socialistes comme les barristes, ces deux catégories se rejoignant également pour critiquer « l'accaparement » de l'Etat.

M. Chirac utilise donc des armes à double tranchant. M. Barre, lui, suscite davantage d'attente, sinon d'espoir, dans l'opinion. Surtout, plus on approche de la déclaration de candidature de M. Mitterrand, plus la logique de l'ancien premier ministre reprend ses droits : M. Barre reste en effet le meilleur adversaire, au second tour, du président. Il le concurrence directement au centre et peut le priver de ralliements précieux.

Dans ces conditions, l'objectif prioritaire de M. Barre est de tenir dans un coude-à-coude avec M. Chirac, jusqu'à la candidature du président. L'objectif prioritaire de M. Chirac est, au contraire, de tout faire pour, d'ici là, décrocher M. Barre.

Le passage, pour les deux hommes, d'une phase de la campagne à une autre qui se déroule ces jours-ci, est d'autant plus délicat qu'il existe une assez grande fluidité dans l'électorat : dans chaque camp, une partie non négligeable des électeurs est sensible aux arguments de ceux d'en face. Plus que jamais, donc, entre des socialistes qui avancent leurs propositions à pas comptés et se gardent de tout engagement, des chiraquiens qui mobilisent leurs clientèles, et des barristes qui se contentent des grandes options de leur champion, la différence sera difficile à faire, et le pragmatisme sera de rigueur.

Cette différence, dit-on, se fera sur les personnes. Elle se fera peut-être autant sur la relation de chacune de ces personnes au pouvoir suprême.

M. Barre le sacralise. M. Chirac le considère comme une haie supplémentaire qu'il lui faut enjamber, après tant d'autres. M. Mitterrand, lui, l'incarne.

M. Barre nous demande sa « confiance » pour conduire un « effort » national. M. Chirac cherche à ressusciter un volontarisme dont il n'est pas lui-même avare. M. Mitterrand se propose tout simplement de nous accompagner.

Des trois, lequel est le plus dans l'air du temps ?

JEAN-MARIE COLOMBANI.

_____

(1) Quarante pour cent des catholiques pratiquants réguliers ont l'intention de voter en faveur de M. Chirac au premier tour de l'élection présidentielle, tandis que M. Barre n'est crédité que de 27 % de leurs suffrages, selon le sondage réalisé par la SOFRES et publié, le 26 février, dans _la Croix_.

Check list		_Language to use_
l'élément-clé	le noyau dur	au fait de ...
terrain du débat	déclic	à mesure que
par fonctions	manger son pain blanc	ces jours-ci
concourir	l'Etat-Père Noël	plus que jamais
hégémonique	mirobolant	
le vote protestataire	au second tour	
se remettre en selle	chiraquien	
le krach boursier	barriste	
la cohabitation	volontarisme	
la virevolte	dans l'air du temps	
à hue et à dia		

1 What big advantage does the Président de la République have as a Presidential election approaches?

2 What do we learn about the difference in function between the posts of Prime Minister and President?

3 At the time this article was written, what made the writer think François Mitterrand was likely to be reelected?

4 What advantages does Chirac appear to have over Barre?

5 Why is Chirac said to be wielding a two-edged sword?

6 Why is it particularly difficult to forecast the outcome of this election?

7 What, according to the writer, will the ultimate determining factors be?

Reading 2

Read this passage about the response made by the French Prime Minister, Jacques Chirac, to a terrorist outrage in Paris in which five people were killed and fifty-two wounded, then answer the questions which follow.

« Les assassins ne nous échapperont pas »

VOICI le texte intégral de la déclaration qu'a prononcée, hier soir, Jacques Chirac :

« Madame, Monsieur, bonsoir,

« Une nouvelle fois, et après d'autres pays amis, la France traverse une épreuve. **Les Francais l'assument avec un calme, un courage, une détermination auxquels je tiens à rendre hommage.** C'est d'ailleurs la seule attitude qui nous permettra tous ensemble de surmonter cette épreuve.

« **Ma première pensée sera pour les victimes du terrorisme. Ceux qui ont trouvé la mort, civils, policiers, militaires, et ceux qui ont été atteints dans leur chair ou dans leurs affections. A toutes et à tous je tiens à exprimer la profonde solidarité et l'émotion du gouvernement.**

« **La lutte contre le terrorisme est un combat.** Ce combat peut durer et les Francais, tous les Français, ont le droit de savoir quelle est l'action, la volonté de leur gouvernement. Cette action est claire : **mettre en œuvre d'abord tous, tous les moyens disponibles pour les protéger, même s'il faut pour cela leur imposer des contraintes ou des disciplines. Ensuite, ne céder en aucun cas au chantage. Enfin, tout mettre en œuvre, je dis bien tout, pour châtier impitoyablement les assassins et ceux qui les manipulent.**

Objectifs arrêtés

« Sur l'ensemble du territoire, les forces de l'ordre sont en action. **Les assassins, je vous l'assure, ne nous échapperont pas.** La justice, grâce à la loi que nous venons de faire voter, fera alors rapidement son œuvre. **Ces objectifs ont été arrêtés, bien sûr, en plein accord avec le président de la République.** Ce combat, nous le mènerons jusqu'à son terme avec le concours de tous et dans le respect des règles fondamentales de notre démocratie.

« Les circonstances exigent que tous les représentants de la nation apportent leur contribution à la lutte qui est engagée. **C'est pourquoi j'ai invité les responsables des mouvements politiques et parlementaires à se concerter avec moi, demain matin, pour qu'ils soient informés de la situation et pour que le gouvernement puisse connaître leurs avis et leurs suggestions.**

« Vous pouvez compter sur ma résolution. La France a traversé bien des épreuves dans son histoire. Elle les a surmontées chaque fois qu'elle a fait preuve d'union et de volonté. **Je sais qu'elle surmontera cette épreuve qu'elle connaît aujourd'hui en restant unie et déterminée. »**

Check list

mettre en œuvre	faire voter
disponible	arrêter
contrainte	avec le concours de
chantage	exiger que
châtier	résolution
impitoyablement	faire preuve
territoire	

Language to use

une nouvelle fois
tenir à

1 What four reasons does the Prime Minister give for admiring the French?
2 What three categories of victim does he identify in this terrorist attempt?
3 What threefold promise does he make?
4 Why does he believe that justice will triumph quickly?
5 What assurances does he give anyone who might think the government would react beyond the limit of its legal powers?
6 Translate the final two paragraphs.

Reading 3

Read this passage about the election campaign of Raymond Barre, one of the right-wing candidates in the 1988 Presidential election, then answer the questions which follow. (N.B. *double option zéro* = 'zero zero option', a proposal to cut to zero the nuclear capabilities of both major powers.)

Barre : la cohabitation toujours contestable

Avant de présenter sa politique de défense, l'ancien premier ministre avait révélé ses intentions, s'il arrivait à l'Elysée : dissolution immédiate de l'Assemblée nationale ; pas de ministres socialistes.

Journée chargée pour Raymond Barre : du financement des partis politiques à la Défense, l'ancien premier ministre est intervenu samedi sur tous les « fronts » de l'actualité. Rédacteur en chef du « Journal inattendu » de RTL, le député du Rhône a déploré le « détestable climat politique » qui existe par suite d'une « multiplication d'affaires ». « Tout ce qui se dit, tout ce qui se chuchote à ce sujet est dangereux pour la vie politique en France et pour la démocratie » a-t-il souligné Aussi a-t-il proposé un « référendum » sur une réglementation du financement des partis politiques. « Je n'ai jamais approuvé la cohabi-

tation, a-t-il rappelé, mais puisqu'elle existe, encore pourrait-on souhaiter que l'on ne lise pas que Matignon a décidé de ne pas interpeller l'Elysée. Cela montre bien, alors que tant de problèmes se posent à la France, qu'il y a, au sommet de l'Etat, une situation qui est fort contestable. »

Au cours de l'émission, l'ancien premier ministre a démenti toute possibilité de présence socialiste dans un gouvernement s'il était élu, même s'il « ne faut aucune exclusion, car je suis pour la plus large union des Français de bonne volonté ». En tout état de cause, Raymond Barre s'est refusé à « toute com-

binaison pré-électorale » − ce qui n'est pas vraiment une surprise − et a critiqué la « coopérative de partis » mise en œuvre par l'actuel régime institutionnel : « Ce que nous avons vu en matière gouvernementale montre très clairement ce qu'il ne faut pas faire, alors il ne faut pas compter sur moi pour faire après 1988, ce que je crois qu'il ne faut pas faire. » Par ailleurs, le député de Lyon a confirmé qu'il dissoudrait l'Assemblée nationale s'il était élu : « Je ne vois pas comment un président élu en 1988 et comment le gouvernement qu'il désignerait pourraient travailler encore trois ans avec une majorité de trois voix. »

Continued →

La menace de l'Est

Plus tard dans l'après-midi, Raymond Barre s'exprimait sur les problèmes de sécurité, sous un grand portrait du général de Gaulle, à l'initiative de l'association « *Défense 2000* », présidée par l'ancien député gaulliste Yves Lancien. Le député de Lyon a déclaré qu'il ne fallait pas « *mettre la charrue devant les bœufs et c'est ce que l'on fait lorsqu'on commence par dénucléariser l'Europe* ». Il a ainsi réaffirmé son opposition à la double option zéro et voit avec « *inquiétude* » poindre à l'horizon la « *troisième option zéro* ». Il a souligné qu'il fallait être « *inflexible* » sur ce sujet.

Pas de doute pour Raymond Barre : « *La menace fondamentale est bien celle qui continue à venir de l'Est.* » « *Il ne me semble pas*, a-t-il souligné, *que les incontestables changements que M. Gorbatchev essaie d'apporter, visent le système soviétique ni dans sa nature ni dans ses objectifs ultimes. Ils visent bien plutôt le fonctionnement du système.* » Aussi s'est-t-il inquiété de la conjonction en Union soviétique « *de valeurs opposées aux notres* », d'une « *volonté d'imposer ces valeurs à d'autres, et de moyens militaires considérables* ». La situation géostratégique de l'Europe occidentale, vulnérable aux forces conventionnelles, chimique et nucléaire du pacte de Varsovie, constitue pour l'ancien premier ministre « *le problème fondamental* » pour la sécurité européenne. Il n'a pas non plus exclu le risque de voir se développer à l'Est « *une stratégie de crise destinée à obtenir une victoire sans guerre, en recherchant une victoire ultrarapide sans recours au nucléaire, l'alliance ayant alors, selon lui, le choix entre la capitulation et l'apocalypse* ».

Coopération européenne

Appelant les pays européens à s'organiser en un « *Etat-continent* », il a estimé que la France devrait « *jouer un rôle de pilote* », afin de rassembler les nations européennes en vue de constituer « *un pôle européen de défense et de sécurité au sein de l'Alliance atlantique* ». La France ne doit pas chercher une sorte de neutralité à l'abri de sa force de dissuasion, mais explorer avec la Grande-Bretagne les possibilités de coordonner l'emploi de leurs forces nucléaires sous-marines et coopérer dans le domaine des missiles nucléaires. De même, il lui appartient de bâtir avec la RFA « *le pilier européen de défense indispensable pour renverser la tendance actuelle à l'affaiblissement de l'Alliance atlantique* ». L'ancien premier ministre pense que la France aurait intérêt à se doter de l'arme à neutron, « *la plus efficace pour compenser la supériorité numérique des divisions soviétiques* ». Il a souhaité qu'elle « *joue un rôle décisif dans l'émergence d'une conscience européenne de sécurité* », en oubliant jamais « *l'objectif ultime* » : « *Faire progresser l'esprit de démocratie et de liberté de l'Atlantique vers l'Oural.* »

Joseph MACÉ-SCARON.

Check list

politique
député
interpeller
démentir
poindre
viser
sans recours à
au sein de
force de dissuasion

Language to use

aussi a-t-il . . .
en tout état de cause
par ailleurs

1 What were the three principal areas Raymond Barre covered in his broadcast?
2 What is meant by *Matignon* and *l'Elysée*?
3 How would you sum up his attitudes to these three matters?
4 Why is Barre worried by the Soviet Union?

Speaking 1

Study Simone Veil's 1984 European election poster, then be prepared both to answer the specific questions asked and to discuss the various issues raised.

1 A qui cette publicité est-elle adressée?
2 Pourquoi?
3 A quelle date les élections auraient-elles lieu?
4 Qu'est-ce que vous entendez par 'une France forte dans une Europe libre'?
5 Quelle sorte de soutien Simone Veil cherche-t-elle?
6 Pourquoi a-t-elle besoin de beaucoup d'argent?
7 Si vous vouliez lui donner de l'argent, qu'est-ce que vous auriez à faire?
8 Quelle importance le Parlement européen a-t-il?
9 Est-ce que vous trouvez cette publicité efficace? Pourquoi (pas)?
10 Si vous alliez voter dans une élection, quelle difficulté auriez-vous à choisir celui ou celle pour qui vous alliez voter?
11 Dans certains pays il est obligatoire de voter. Selon vous, est-ce que cela devrait être le cas chez vous aussi?

Elections européennes du 17 juin 1984

Pour une France forte
dans une Europe libre

SIMONE VEIL
S'ADRESSE
A VOUS

Vous savez que
l'U.D.F. et le R.P.R.
m'ont demandé
de conduire la liste
d'UNION
DE L'OPPOSITION.
Vous savez quel est
l'enjeu de ces élections.
S'abstenir dans ce combat
c'est accepter une société
dont nous ne voulons pas.
Pour gagner, j'ai besoin
de votre aide, de votre
engagement personnel
et de votre
SOUTIEN FINANCIER.
Nos adversaires disposent
de moyens puissants,
mais, grâce à vous, grâce
à votre participation
financière, même modeste,
nous pourrons avoir,
nous aussi, les moyens
indispensables
à notre combat.

AVEC VOUS,
GRACE A VOUS,
CES ELECTIONS
NOUS LES GAGNERONS

Simone VEIL.

Nous avons

absolument

besoin

de votre

aide

Chèque bancaire à l'ordre de :
Union de l'Opposition pour l'Europe
225, rue Saint-Honoré, 75001 PARIS
ou chèque postal :
C.C.P. Paris N° 2549 89 T

NOM ....
ADRESSE ....
....

Speaking 2

Study the results of this opinion poll carried out by Paris-Match in February 1988, then be prepared both to answer the specific questions asked and to discuss the various issues raised. (N.B. *N.s.p.* = 'Ne se prononcent pas'.)

Quelle opinion avez-vous de François Mitterrand en tant que président de la République ?

	Février 1988	Electeurs de gauche	droite	non alignés	Rappel jan. 88
Bonne	**61**	85	40	58	*61*
Mauvaise	28	10	51	16	*31*
N.s.p.	11	5	9	26	*8*

Quelle opinion avez-vous de Jacques Chirac en tant que Premier ministre ?

	Février 1988	Electeurs de gauche	droite	non alignés	Rappel jan. 88
Bonne	**47**	19	78	34	*52*
Mauvaise	42	72	19	38	*38*
N.s.p.	11	9	3	28	*10*

Etes-vous satisfait ou mécontent de la façon dont la France est gouvernée ?

	Février 1988	Electeurs de gauche	droite	non alignés	Rappel jan. 88
Satisfait	33	27	42	26	*34*
Mécontent	**58**	67	51	52	*59*
N.s.p.	9	6	6	22	*7*

Tout compte fait, diriez-vous que le bilan de la cohabitation est positif ou négatif pour la France ?

	Février 1988	Electeurs de gauche	droite	non alignés	Rappel déc. 87
Positif	35	37	35	31	*37*
Négatif	**44**	48	48	33	*41*
N.s.p.	21	15	17	36	*22*

1 Qu'est-ce qu'on pense en général de François Mitterrand?
2 D'où est-ce qu'il tire la plupart de son soutien? Comment expliquez-vous cela?
3 Qu'est-ce qu'on pense en général de Jacques Chirac?
4 D'où est-ce qu'il tire la plupart de son soutien? Comment expliquez-vous cela?
5 Comment est-ce que la situation de Chirac a changé depuis le mois de janvier?
6 Dans ce contexte, qu'est-ce que vous entendez par le terme *non alignés*?
7 Faites la comparaison des réponses des non alignés.
8 Qu'est-ce qu'on pense en général de la façon dont la France est gouvernée?
9 Est-ce qu'il y a des choses ici que vous trouvez surprenantes ou difficiles à expliquer? Lesquelles? Pourquoi?
10 Qu'est-ce qu'on pense en général d'une cohabitation?
11 Selon vous, quelles seraient les principales difficultés de la cohabitation politique?

Sujets à discuter

Peut-on vraiment justifier le suffrage universel?

Quelles qualités un candidat aux élections législatives devrait-il posséder?

Quand on va aux urnes, comment devrait-on décider pour qui on va voter?

Beaucoup de gens disent qu'ils ne s'intéressent pas à la politique. Est-ce qu'on peut justifier cette attitude?

Si vous étiez ministre, quelle nouvelle loi aimeriez-vous faire voter et pourquoi?

Further vocabulary

aller aux urnes
l'Assemblée nationale
un conseil municipal
un consensus
constitutionnel
les élections législatives
l'électorat (m)
élire
exécutif
faire voter
un groupement
législatif
un mandat
un ministère
un parti
le pouvoir
un projet de loi
un référendum
la réforme
le scrutin (à deux tours)
le Sénat
un Sénateur
le suffrage universel
un tour de scrutin
une voix

Listening 1

Listen to SIMONE VEIL talking about Europe and world politics, then answer the questions.

1 Why does Simone Veil think it is possible to feel both French and European?
2 According to Simone Veil who now rules the world and who may do so in future?

Check list	*Language to use*
concept	je dirais
se compléter	nos nations telles qu'elles sont
communauté	par la force des choses
poids	
concorder	

Listening 2

Listen to SIMONE VEIL talking about nationalism, then answer the questions.

1 Why cannot Europe be like the United States?
2 What does Simone Veil point out about Switzerland?
3 What national characteristics does Simone Veil think could be maintained within a European federation?
4 What would the countries within the European federation have in common?

Check list	*Language to use*
schéma	en même temps
différemment	en fait
concevoir	jusqu'ici
autonomie	petit à petit
spécificité	
gestion	

YVETTE ROUDY

C'est à l'Assemblée Nationale que nous sommes allés interviewer Yvette Roudy, député socialiste du Calvados, ancien membre du Parlement européen et ancien Ministre des Droits de la Femme.

Issue d'un milieu modeste, cette femme dynamique et volontaire a dû quitter l'école à l'âge de seize ans pour entrer comme dactylo dans une conserverie de poisson. Ce n'est que dix ans plus tard, à l'âge de 26 ans, qu'elle passa son baccalauréat.

Dès qu'elle se lança dans la vie politique, Yvette Roudy s'intéressa au mouvement féministe et ne cessa de lutter pour améliorer la condition féminine en France. Le titre même de son autobiographie A Cause d'elles *en témoigne.*

Listening 3

Listen to YVETTE ROUDY talking about how she became involved in women's rights and politics, then answer the questions.

1 What kind of a family was Yvette Roudy born into?
2 What has motivated her right from early childhood?
3 How did her father discriminate between Yvette Roudy and her brother?
4 To what conclusion did this discrimination lead her?
5 How did she improve her educational qualifications after leaving school?
6 What is her double political commitment?
7 What does Yvette Roudy say is difficult for women socialists to do?
8 What does she say is very rare?

Check list

formation
s'orienter
motivé
théorisé
barré
les études supérieures
engagement

Language to use

depuis ma petite enfance
il se trouve que . . .
quelque chose de très rare

RENE PIQUET

René Piquet est député à l'Assemblée de la Communauté européenne (ou Parlement européen). Il est aussi membre du Bureau Politique du Parti Communiste Français, c'est-à-dire un des dirigeants du parti politique mené par Georges Marchais et qui joue un rôle assez important sur la scène politique française.

A l'arrivée des socialistes au pouvoir en 1981, quatre communistes furent nommés ministres au gouvernement, mais les différences entre les communistes et les socialistes étaient telles que ces quatre communistes ne restèrent pas longtemps au gouvernement.

Aujourd'hui on vote de moins en moins communiste en France mais, comme vous allez l'entendre, René Piquet n'est pas si pessimiste que cela quand il parle du rôle actuel et de l'avenir du Parti Communiste Français.

Listening 4

Listen to RENE PIQUET talking about communism in France and Russia, and Euro-communism, then answer the questions.

1 What does René Piquet say about the links between French communism, Russian communism and Euro-communism?
2 To what movement did the French communist party belong for many years and who was the leader of this?
3 When did this movement cease to exist?
4 What is at the root of the differences between national communist parties?
5 What image does René Piquet use to prove his point about these differences?
6 On what two points do the different communist parties agree?
7 Why has France finally rejected Euro-communism?

Check list	*Language to use*
Parti communiste	il faut le dire
souche	de longues années durant
ouvrier (adj.)	il se produit ...
mondial	en toute chose
s'affirmer	au fur et à mesure
s'accentuer	je dis souvent moi ...
s'amplifier	ça ne veut pas dire que ...
phénomène	ce serait une erreur de ...
constater	il s'agit de ...
voire	à un moment donné
démarche	(une forme) aussi limitée soit-elle
convenir	

Answers

UNIT 1:

Reading Comprehension 1: 1. To the Social Security in order to obtain Mr McNewn's pension on retirement. **2.** The records in Indiana had been lost. **3.** He is 68, she is 58; they married in 1946 at Cronn Point (Indiana), and have 8 children and 19 grandchildren.

Reading Comprehension 2: 1. Programmes about domestic quarrels. **2.** Couples agreed to telephone when there was likely to be a quarrel. The camera was set up within half an hour. The couples decided after seeing the film whether or not to agree to its being shown. **3.** A violent alcoholic husband was so shocked by seeing scenes in which he insulted his wife and child that he decided to have treatment for alcoholism.

Reading Comprehension 3: 1. For insisting on calling their daughter Prune in spite of the refusal of the authorities to allow this. **2.** The verdict is still being considered. **3.** He is a beekeeper. **4.** The State Prosecutor. The baby was registered in the name of Prune. **5.** There are already several people in France named Prune, and the name appears in a republican calendar.

Reading Comprehension 4: 1. A lack of intellectual and artistic creativity and the poor international showing of French industry. **2.** By the average number of births per woman of child-bearing age. **3.** In order to keep the population as it is there needs to be a little more than two births per woman and not 1.84 as in 1986. **4.** It came after the postwar 'baby boom' and affected all Western Europe and most of the industrial world. **5.** That there are fewer marriages than there were, so that 20% of all births are now illegitimate.

Reading Comprehension 5: 1. Birds, fish, rodents. **2.** Middle executives. **3.** Three million more than Britain and 4.9 million more than West Germany. **4.** That there are about 400,000 cats and dogs in the Paris region. **5.** They eat more than a million tons of food per year, more than the population of countries like Bulgaria and Portugal. **6.** The production of pet food is increasing rapidly: from 21,000 tonnes in 1965 to 278,000 tonnes in 1978. **7.** Many more accessories are available: visits to the vet for minor ailments and regular check-ups are more common; there are about 400 beauty salons for dogs and cats. **8.** Insurance against sickness or accident for all kinds of dogs and cats. **9.** Part or all of vet's fees, operations, and stays in hospital.

Listening exercise 5: 1. She has travelled widely and held political office. **2.** Although we have a queen and a woman Prime Minister, women do not have the same position as men. **3.** They are moving quickly as they started late. **4.** Men hold on to their position and do not want to give way to women. **5.** It used to be lack of education. Now it is family ties – a reluctance to leave husband and children and to be free to work at weekends and in the evening. **6.** She was asked to concentrate on the role of women in political life when speaking about Franco-German agreements. She refuses to narrow her subject-matter in this way. **7.** Furious; he could not understand. **8.** That women are just as able as men to tackle every aspect of a job.

UNIT 2:

Reading Comprehension 1: 1. The taking of drugs by athletes. **2.** He has been made world champion instead of being placed third in his event, as the two competitors who were first and second have been disqualified. **3.** The Soviet Union, Poland, Bulgaria, USA. **4.** She was given the bronze medal for the 100m. hurdles several months after the Los Angeles Olympics. **5.** It demands greater efforts. **6.** To end a sporting career when drugs have been taken.

Reading Comprehension 2: 1. In order to perform to the best of their ability. **2.** He is permanently anxious and impossible to deal with. **3.** What company he/she has been keeping. **4.** Rivals are being encouraged all over the world and are performing better and better. **5.** They indulge in one exclusive passion. **6.** Hollywood stars lived in an isolated imaginary world whereas stars of sport and stage are constantly exposed to the real

world of their public. **7.** His/her own private life.
8. Rock crosses boundaries and they cross those of sex
and race. **9.** A world free of germs, pollution and
contamination. **10.** Accidents and poor performances.
11. Bernard Hinault was never more popular than
when he failed to win his final Tour de France.

Reading Comprehension 3: 1. He has won 25 Grands
Prix all over the world. He was world champion in
1985 and 1986. **2.** A TV programme. **3.** He was
interested in finding out about a sportsman who
stretches himself to the limit. **4.** That Prost would
become world champion again six months later, on
winning the Australian Grand Prix. **5.** He always tells
the truth. He is of humble origins and has other talents
and interests in life, e.g. golf, tennis, business. **6.** From
bonuses and advertising. **7.** On his house and
investments. **8.** He would have had just as much to say
if he had only come second. All places and points are
important in this high-risk job. **9.** He has also lost the
world championship at the last minute three times.
10. He will be less selfish and closer to his wife and
children.

Listening exercise 1: 1. He has always loved doing it.
2. A healthy way of life and a simple, pragmatic way
of thinking. **3.** He says he might have been able to do
more if he had been asked to. **4.** They had not been
aware of their own limits. **5.** Happy. **6.** Travelling –
the discovery of many things. **7.** Sport is becoming
more and more serious – it is being taken over by the
media; there is no time to stop in places where the
events are taking place.

Listening exercise 2: 1. Amateurs are not organised in
the same way; they have no unions, they depend upon
the Ministry or an Olympic Committee. **2.** People will
neglect sports like gymnastics in order to watch the top
tennis professionals.

UNIT 3:

Reading Comprehension 1: 1. (a) Return ticket must be
bought not later than eve of departure. **(b)** Departure
booking must be made not later than eve of departure.
(c) Return booking must be made by eve of return
flight. **2.** Every trip of fourteen days or more until
14 April 1987.

Reading Comprehension 2: 1. Crossing the road on the
way to visit his daughter. **2.** M. Vella was killed. The
driver and front seat passenger (Mme Toni) were
seriously injured. Back seat passenger (driver's wife)
was not seriously hurt. **3.** They had to cut free the car
passengers.

Reading Comprehension 3: 1. There are three million
sufferers in France. Even animals suffer from it.
2. Cod transported by boat regurgitated food taken
15 minutes before journey began. **3.** Generally feeling
unwell: yawning, sweating, exhaustion. **4.** It disappears
as soon as the sufferer is back on land. **5. (a)** The
liquid in it acts as a plumbline. **(b)** It sends messages
to the brain which cause vomiting to start. **6.** Take
frequent sips of mineral water, never go without food,
eat a small meal half an hour before departure.
7. Those by Americans for soldiers. It was found that
animals could not be used as their sensitivity is not the
same as that of a man. **8.** Astronauts suffered travel
sickness. **9.** Slowly rotating room.

Reading Comprehension 4: 1. High-speed trains and
computers **2.** Magnets which when correctly positioned
repel each other. **3.** It makes the trains too expensive
and could be remedied by producing superconductors
which could work in temperatures of liquid air or even
in temperatures approaching those of the atmosphere.
4. Research ceased into the development of high-speed
computers. **5.** The speed of the circuits and the heat
they give off whilst working. **6.** A different design to
take a few metres off the distance travelled by signals
in the computer. **7.** The use of superconductors which
would work at much higher speeds, only consuming
and releasing a few watts.

Reading Comprehension 5: 1. About forty ground tests
on the third stage. **2.** Engineers hope to put right the
problem which caused the failure of the 18th firing of
the rocket, when the third stage failed to ignite. **3.** It is
where the engines for *Ariane* are produced. **4.** Various
measuring devices will be gauged during a first series
of tests, especially a camera which takes pictures at
high speed. **5.** The characteristics of the new igniter
that is to be used in the launcher. **6.** The weakness of
the igniter used so far. The pyrotechnical system to
ignite the hydrogen and oxygen in the combustion
chamber was unable to cope with a rather sudden
starting-up of the engine, which cut off after little more
than a second. **7.** It is hoped to prove the efficiency of
the new igniter and the flight-readiness of the engines
to be used in the next versions of the rocket, to be put
into service between next January and March. **8.** Since
the beginning of the sixties when they were first used
they have only had 13 failures out of 178 firings.
9. Each of the six contracts lost to *Ariane* costs the
Americans 30 million dollars. **10.** It still has 54 launching
contracts, totalling a turnover of 11.6 billion francs.

Listening exercise 1: 1. In the short term it shows that
Europe is a practical reality and in the long term it will
allow Europeans to benefit economically. **2.** M. Dherse

heard President Mitterrand telling Mrs Thatcher that England will remain an island. **3.** He likens it to a painter in front of his picture that is full of different colours; the painter does not start by mixing them.

Listening exercise 2: 1. To their ways of thinking and of doing things and to their different culture. **2.** He has been in England for 15 years and has British grandchildren. **3.** The French start from the general to reach the particular and the English do the opposite. **4.** It is difficult to form a team with representatives of both nations. **5.** It will be the first time a two-nation project like this will have succeeded.

Listening exercise 3: 1. He calls it a system of transport. **2.** People. **3.** By their colour – orange. **4.** From the front and back. **5.** They can climb steeper inclines. **6. (a)** The builders can follow the contours of the landscape without needing tunnels. **(b)** Downhill inclines can be used to gather speed: kinetic energy is used and so much less power is needed. **7.** A line running from the suburbs of Paris to the suburbs of Lyon. **8.** It serves the whole of the South-East; trains can go into the centre of towns. **9.** Engines; brakes; aerodynamic shapes.

UNIT 4:

Reading Comprehension 1: 1. The doctor has forbidden him to do so as he is so tired. **2.** He shut himself away (at Quiberon) for a month and a half to learn his part. **3.** The theatre has been hired, the actors taken on and posters put up to advertise the play. **4.** If the show were cancelled.

Reading Comprehension 2: 1. Afternoon and evening performances at the Comédie Française. **2.** There will be a strike. **3.** Some jobs are to be lost because of government proposals. **4.** The same pay as that received by staff at the Opéra. **5.** Information about repayment to ticket holders or alternative bookings.

Reading Comprehension 3: 1. By telephone. **2.** Francis Lopez, the author, had not offered him any work for a long time (since 1970). **3.** He needed to soak himself in the local atmosphere as the action of the play takes place in the Basque Country.

Reading Comprehension 4: 1. She is a Carmelite nun. **2.** She is at once simple and yet an outstanding personality. **3.** You cannot use camera effects, shots taken on location, or very colourful pictures. **4.** Very bare, with just a few everyday or religious objects, e.g. candles, crucifix, bed, stoves, buckets, fish and a frog. **5.** That of a lover, sometimes fulfilled, sometimes full of doubt. **6.** They remain women although they do not

speak. **7.** She dies gladly, ready to give God news of her sisters. **8.** Thérèse is totally convincing, even to the modern unbeliever.

Reading Comprehension 5: 1. The seventh art. **2.** One quarter of the total box office receipts. **3.** Immediately after the war. **4.** 1,000 out of 5,000 cinemas will have disappeared. **5.** Three quarters of cinema-goers are choosing to go to four parts of Paris which are centres for leisure activities. **6.** It is a few metres outside the four popular areas. **7.** The large cinemas were split into smaller ones, with an average of 300 instead of 450 seats. **8.** Channels 5 and 6 have been introduced, more cable television has been installed, video has been developed, and Canal Plus has gained in popularity. **9.** It has just had its one millionth subscriber. **10.** 30% profits from television, 30% from cinema and 20% from video. **11.** The public now wants something different from the viewing conditions of television and is seeking a spectacle of sound and picture. **12.** A film can be moved from one screen to another according to its popularity.

Listening exercise 2: 1. By using theatre actors for the cinema. **2.** He says that it is a unique exchange of energy and feeling. **3.** He likens a human hand to the theatre and a robot to the cinema because the theatre is life at first hand and the cinema is manufactured, and therefore lacks the mystery of the theatre. **4.** He loves playing chess, although his set never makes any mistakes and always beats him. He would sometimes like to break it as it is unresponsive. **5.** He admires the quality of the script.

Listening exercise 3: 1. Mad monks in a monastery. **2.** It is a permanent company and is not grouped around one person. **3.** It was founded on Molière's death by a king who wanted to create something that would last for ever. **4.** When Napoleon entered Moscow he laid down the laws governing the Comédie Française and many of these are still in force today. **5.** If the Director makes a decision they can overrule it. **6.** It is sometimes unfair and deplorable, but at other times far-seeing and admirable.

UNIT 5:

Reading Comprehension 1: 1. Incredulity as they had not thought it possible that they would have to face another war. **2.** They had been working hard to make a place for themselves in society. **3.** He had played a minor part in World War I, but now he was drunk with power. **4.** They only made his verbal attacks even more stinging. **5.** On the human conscience. **6.** That it is the worst manifestation of his treachery.

Reading Comprehension 2: 1. They are well aware that they only just escaped defeat. **2.** Their houses collapsed. **3. (a)** The war dead; **(b)** those tortured by the Gestapo; **(c)** those returning from concentration camps. **4.** They were hunted, cold and hungry. **5.** The French flag flying in Germany. **6.** The soldiers of the Red Army (Russian soldiers), because many of them died too.

Reading Comprehension 3: 1. She is the daughter of Alexis Gruss, the master horseman. **2.** A tour of Ireland last year and a tour of France this year. **3.** She will be choosing the rolling stock, having the tent and the infrastructure built, taking on staff, and building up the show. **4.** One in which there is perfect harmony of sounds, colours and sensations between performers and spectators. **5.** The average age of the performers is 26, and the acts are carefully selected international acts. **6.** It is an act in which understanding between men and animals (panthers) reaches perfection. **7.** Les Carlis clowns – Marco and Brigitte – with enormous soap bubbles and Marco Monti the auguste clown. **8.** Les Gilson Brigitte and Gilbert Gruss with their extremely difficult overhead pole act. **9.** On Sunday and Monday at 9 p.m. in the tent at the back of the annexe to the Tourist Office, erected in the car park of the new fishing port.

Reading Comprehension 4: 1. It comes under the sign of Aries (the ram), not Pisces (the fish). **2.** The superimposing of mythological and religious legends. **3.** She was born of the sea. **4.** At the Spring equinox (end of March/beginning of April), which was the start of the new year. **5.** She deceived Mars, the god of War, by taking the place of her sister, Minerva, in his marriage bed. **6.** When he was drunk he attacked three wineskins, and thought he had killed three men. The crowd organised a false trial with a famous barrister. **7.** It has always represented fertility, love, joy and the rebirth of nature. **8.** It changed nine times. **9.** They give their neighbours small presents in the form of jokes. **10.** It is spawning time. **11.** They threw herrings at them. **12.** When she was being pursued by Jupiter, Venus was saved by two mackerel who carried her on their backs.

Listening exercise 2: 1. He tells the story of the actors in a play: the heroine, hero and chambermaid who all see themselves as the principal character in the story. **2.** The reports of Prefects, of public prosecutors and of the police. **3.** He was a 19th century revolutionary who spent 33 years in prison. **4.** They trailed him everywhere he went. **5.** Archaeological digs. **6.** Lack of written evidence. **7.** Tombs. **8.** He is optimistic.

Listening exercise 3: 1. That people do not learn from the lessons of history, although historians would like them to. **2.** That they become politicians because they are not capable of doing anything else. **3.** They criticise them but would fight to keep them. **4.** Some men hid behind a curtain and wrote down his conversations in shorthand. They were then published in several volumes. **5.** He spoke about a thousand things to his friends, lieutenants and ministers. **6.** That he should not have entered Moscow in June as Napoleon had done. **7.** Napoleon had horses; Hitler had lorries and tanks. **8.** The tanks got stuck in the mud. The fuel in the lorries froze.

UNIT 6:

Reading Comprehension 1: 1. It was saved by its own editorial staff and by the financial help given by *l'Evénement du Jeudi*. **2.** Through lack of money (large deficit) and no more external help. **3.** In the interests of competition/giving the public a choice of publications. It might be thought surprising that *l'Evénement du Jeudi* (a magazine) should help a daily newspaper. **4.** It will be declared bankrupt. **5.** A progressive and independent one. **6.** A backer must take up the challenge to produce a new paper.

Reading Comprehension 2: 1. He considers it intelligent and thoughtful. **2.** That they rely on minor sensations. **3.** He thinks it is gaining strength, not losing it. **4.** He suggests it should be sold throughout France and not just in Paris. **5.** He would like to have more letters (culture) and less politics. **6.** It is too much like a column in *Lui* and the items shown are very expensive.

Reading Comprehension 3: 1. 100 jobs would be lost in the regional publications of the Hersant group. **2.** The management and unions who say that talks are still going on. **3.** The signing of an agreement ratifying changes to be made in the production of various publications. **4.** A few in page setting and on the rotary presses. **5.** By giving people early retirement. **6.** 15 months.

Reading Comprehension 4: 1. Japan has the technique and America has the pictures which will enable them to be the masters of the audio-visual boom. **2.** Countries have different legislation and Europe is fragmented. **3.** To create television without frontiers. **4.** An independent association bringing together experts in communication. **5.** One that is flexible and workable for the future of television in Europe. **6.** They are trying to reach agreement on advertising and authors' royalties. **7.** High definition/the perfect picture. **8.** Its survival. **9.** A worthwhile alternative to the Japanese plan. **10.** From public funds. **11.** As it brings together nineteen countries it is the ideal way of representing Europe in the struggle.

Reading Comprehension 5: 1. They will make children actively take part in a game instead of passively watching television. **2.** To the annual toy fair in New York to discover these new toys. **3.** Fire laser beams on to a special television serial. **4.** The Captain Power programme for half an hour every Saturday and Sunday. **5.** The good will fight the bad and for five minutes the viewer will try to kill the wicked Lord Dread with his powerjet XT7. **6.** Sales only went up by 5% in 1986 (reaching about 75 billion francs). **7.** Axlon (Atari). They will control robots to fight with cartoon characters in a series to be shown next autumn. **8.** The high cost (250 dollars) of a complete set. **9.** (a) They encourage violence (warfare), (b) they advertise, (c) they encourage too much television watching. **10.** By saying the toys encourage creativity, stimulate the imagination and make both hand and mind react quickly. **11.** From books and films. **12.** Another light year.

Reading Comprehension 6: 1. It is waterproof. **2.** It has two frequencies, an integral aerial and a tone control. **3.** It is small enough to fit into a pocket or a school bag. **4.** They say it won't float.

Reading Comprehension 7: 1. A programme of music and news for local radio stations. **2.** The law on audio-visual communication does not allow Europe 1 to broadcast another programme like their own. **3.** Adults aged between 18 and 40. **4.** Only the transmission costs of the satellite. **5.** Europe 2 will give them time to put in local news and advertising. **6.** They must broadcast Europe 2 programmes at peak listening hours. **7.** Those belonging to local newspapers.

Listening exercise 1: 1. During their 200 years of existence there have been 15 or 16 different systems of government and each one has persecuted the journalists of the one before it, sometimes by sending them to prison. Hence journalists need to be brave and to defend their ideas. **2.** French journalism has no tradition of imparting information; it has always acted as a vehicle for ideas and opinions. **3.** The government has been fairly stable so journalists are no longer sent to prison. **4.** Journalists should mention ideas but not debate them. **5.** The French public is used to ideas being debated and prefers it to information.

Listening exercise 3: 1. She says that people do not act in accordance with the opinions they express in public.

2. A day without television. **3.** The number has gone up from 4 to 6. **4.** They are too alike; they offer the same kind of programmes at the same time. **5.** Although there are now six channels most of the French watch just one. **6.** She would like more educational, informative programmes. **7.** She would prefer not to see too much of it and for each item to be kept short. **8.** She thinks that people are less dissatisfied than is generally believed.

Listening exercise 4: 1. It is more powerful. **2.** Local radio and radio intended for a certain section of the public. **3.** Classical music without much chat. **4.** It reflects the tastes and changes of the time.

UNIT 7:

Reading Comprehension 1: 1. Holiday-makers and people passing through. **2.** Town Hall and Tourist Office. **3.** It happens every year at this time. **4.** Till the end of the season. **5.** No wardens there. **6.** Thefts at the camp site. **7.** The camp site will no longer figure in a British tourist guide. **8.** They have the right to use them if a special site is not provided for them. **9.** Much money recently spent on a new toilet block, and loss of revenue by closing at a busy period. **10.** Saying he does not want travellers at Sées, and that there are enough sites to be able to accommodate them.

Reading Comprehension 2: 1. Join the National Front in a working-class area of Marseille for six months. **2.** To be able to write vividly about the motivation, the reactions, the conversations and the racism of the members of the National Front. **3.** As an unemployed typist. **4.** Damaged bus shelters, telephone boxes out of order, jammed doors on buses, anything that was broken or damaged. **5.** When walking past a group of Arabs she changed from being nice and friendly to being full of hate and racist talk. **6.** They never mentioned them directly, and pretended not to see them. **7.** A Belgian ex-legionnaire, who said he pretended to be an Arab in order to obtain social security benefits. **8.** She no longer knows which side of the curtain that exists between French and Arabs she is on.

Reading Comprehension 3: 1. Châteauroux: North Africans attacked by youths; Abbeville: North African hitch-hiker attacked by motorists; Paris: immigrants' flat ransacked; Le Cannet-Plage: African pedlars beaten up; Nice: a Tunisian murdered by six youths. **2.** How young people learn to do such things and why they do them. **3.** Closure of camp site to exclude travellers, group of handicapped people excluded from site, family with handicapped child ejected from their holiday home. **4.** Rejecting others who are not the same as us. **5.** When he learned at school that all men were equal, he thought that meant they were all the same; now he saw they were not all the same, he rejected the idea that they were equal. **6.** It is more common than one might think, but it does not excuse discriminatory behaviour and does not explain everything. **7.** They should not only explain everything, but also make sure it is understood. **8.** It is easy to say that one should treat all men as equals, but it is very difficult to do it. **9.** If he throws a North African trouble-maker out of his bar, just as he would a European, he is accused of racism.

Listening exercise 1: 1. About ten of his fellow students. **2.** To combat the racism of the National Front who had not been effectively opposed by anyone else. **3.** Politically-minded militants. **4.** It brought anti-racist ideas to their attention and out into the open. **5.** An immigrant friend was travelling in an underground train when a lady shouted out that her wallet had been stolen: all the other passengers looked at the immigrant. **6.** A point at which some action was necessary.

Listening exercise 2: 1. They live and work together. **2.** On a student march to defend their studies. **3.** Going to school, eating, going to the cinema.

Listening exercise 4: 1. He has some talent in whipping up popular support. **2.** That they should be sent back home in order to make more jobs available to French people. **3.** That it is not, unfortunately, a valid one. **4.** It used to be made up of Poles, Italians or Spaniards (all Europeans), and is now made up of Maghrebins (North Africans). The Europeans wanted to integrate with the French but the Africans do not want to do so because their religion and way of life are different.

UNIT 8:

Reading Comprehension 1: 1. In Japan it shares the market with records and in France the compact disc shelves are emptied at Christmas time and people are competing to buy some of the classical discs. **2.** By an advertising campaign subtly linked to the most popular rock group of the moment (Dire Straits). **3.** The factory in Germany works around the clock. **4.** Costs go down as production increases. **5.** To store information and in a library. **6.** It may replace the magnetic tape or disc in a computer. **7.** It will serve as a road map and plan out a route between two points. **8.** To combining the sound on a compact disc with a video corresponding to it. **9.** It never wears out, it

makes no surface noise, its dynamics are the best possible and each disc lasts for seventy minutes. **10.** As the compact disc never wears out it takes on a magic or precious quality. **11.** It was composed especially for compact discs to make best use of their advantages and to last 70 minutes. **12.** This was the time a 78 rpm record lasted. **13.** The simultaneous bringing out of a record and compact disc of a piece of music. **14.** Composers are likely to write longer works, including silences.

Reading Comprehension 2: 1. In order to reply to Renaud's attack on Mrs Thatcher in his latest song 'Miss Maggie'. **2.** He will change into a dog and use her as his lamp post. **3.** He is like the old singers who travelled around (wandering minstrels). His songs are accompanied on the piano and he uses many puns (plays on words). **4.** Many of the puns cannot be translated. **5.** He says that frogmen were unable to sink a boat quietly (this is an allusion to the sinking of the Greenpeace ship *Rainbow Warrior*, allegedly sunk by the French Secret Service). **6.** He says they do not bother to shave. **7.** It was two weeks from the day that Mrs Thatcher and President Mitterrand met at Lille to make the official announcement about the plan chosen for the Channel Tunnel. **8.** She preferred not to attach any importance or merit to Renaud's attack on her. **9.** That the French Head of State and the socialist authorities like the song. **10.** To condemn hooliganism. **11.** That she behaves in a more masculine way than men. **12.** He will not criticise the Queen.

Reading Comprehension 3: 1. He likens it to a pearl hidden in the sand as they are both rare and difficult to find. **2.** He is not at all impressed by the poor spelling and lack of meaning or depth. **3.** It came as a wonderful surprise, appealing at once to both his eyes and his heart. **4.** They are pure as they have rediscovered their lost innocence. **5.** He learns them by heart.

Reading Comprehension 4: 1. A new edition of them has just been published. **2.** To the house in which Genevoix was born on an island in the Loire. **3.** It paints the painful transition from childhood to adolescence during which old dreams are lost. **4.** A huntsman (Bill Desormeaux), an old sailor, a beaver. **5.** Gunther's character is richer and more profound. **6.** His face is scarred from a wound received in a duel.

Reading Comprehension 5: 1. They see the work of Guimard as they enter the Métro stations. **2.** As a result of industrialisation and the growth of towns. The mood was one of optimism (hope for the future). **3.** There will be four programmes. **4.** It was sometimes very bold and used new materials like iron, cast-iron, glass and ceramics. **5.** It was forgotten until twenty years ago. **6.** The value of the work of artists like Gallé and de Lalique went up greatly and some buildings that were to be demolished were restored. **7.** There is too much in it. **8.** They may feel confused and find the programme difficult to follow. **9.** The music is well chosen and there are so few series about art.

Reading Comprehension 6: 1. A network of Franco-Dutch receivers of stolen works of art, operating between France and the Netherlands. **2.** Antique dealers and second-hand dealers. **3.** They were constantly in touch with Dutch second-hand dealers who bought the goods and arranged for them to be sent to the Netherlands. **4.** Dutch people intercepted one of these deliveries and arrested four members of the gang. **5.** Three were released at the end of police custody and nine were referred to the examining magistrate who took out a summons against them. **6.** He valued the paintings and works of art and fixed their selling price. **7.** They were stocked in warehouses rented by Carolus Miga before being sold.

Listening exercise 3: 1. Those he does not know but thinks about when writing, and those he does know, whether through letters or visits. **2.** Interest and a desire to keep on reading his books. **3.** That he is a great novelist now forgotten or unfairly neglected. **4.** It is especially skilful and well constructed. **5.** Playing chess. **6.** The ambition for power: he does not have the necessary qualities. **7.** Trapping the reader.

Listening exercise 4: 1. He was Minister of Culture and he created the Maisons de la Culture. **2.** They did not allocate enough money to it. **3.** They did not receive large enough subsidies. **4.** Everything that was contemporary (modern). **5.** It did not have enough space. **6.** The former French radio and television corporation. **7.** It did not reach enough people or far enough afield. **8.** The 19th century and beginning of the 20th century. **9.** A large library. **10.** Provide more space; increase French collections; receive more gifts. **11.** A French Institute of Architecture and a Museum of Architecture were founded. **12.** It organises travelling exhibitions and concerts in the provinces. **13.** They became known all over France and abroad.

UNIT 9:

Reading Comprehension 1: 1. The plan to reform Grammar Schools. **2.** Although at the age of 13 they can have a bank account, can go out to work at 16, and both vote and stand for election at 18, this reform could mean they would be totally ignorant of

economics and how society works. **3.** They consider them essential for helping people to understand the world they live in. Also they are part of culture and as such, may be deliberately chosen as an area of study.

Reading Comprehension 2: 1. There are more young people unemployed than in other countries and fewer University graduates. **2. (a)** Children are tested on their ability to learn rather than their ability to think; **(b)** the system of continuous assessment. **3.** The student is ensured a career for life. **4.** The Americans spend 2.5% of their national budget on it, but the French only 0.6%. **5. (a)** New disciplines flourish, **(b)** technology is considered important, **(c)** outside talent is welcomed without regard to paper qualifications, **(d)** a stand is taken against dogmatism and petty regulations. **6.** To allow every kind of talent to develop. **7.** The building of campuses with student accommodation; the maintenance of old, dilapidated universities; the provision of swimming pools and sports facilities. **8.** More good grants. **9.** The French universities have fallen so far behind. **10.** Ministerial interference to make new laws. **11.** Twice as much money needs to be allocated to higher education. This may be difficult as increased expenditure usually occurs gradually. **12.** The increase in enrolment fees. **13.** Those in government. **14.** They are calm but determined and reject violence. **15.** The decline of France.

Reading Comprehension 3: 1. Girls are not good at maths. **2.** Whether maths is a male preserve and boys are biologically better at maths than girls. **3.** The male hormone is better than the female hormones for stimulating the brain; the right half of the brain, which governs spatial concepts, is more efficient in boys than in girls. **4.** The sample was a large one. **5.** In France boys are better overall, but in the USA boys and girls are equal in algebra, arithmetic and statistics. **6.** The influence of parents is important, as are sociocultural factors.

Listening exercise 5: 1. Logic and how to think. **2.** It brings them together on an equal footing and so lessens class tensions. **3.** Those of rank and fortune. **4.** The analysis of language. **5.** His primary school teachers who taught him spelling, syntax and logical and grammatical analysis. **6.** They are unable to read or write well or use words. **7.** Dictation; learning vocabulary; analysis of texts. **8.** Appreciate a literary text.

UNIT 10:

Reading Comprehension 1: 1. It sank in the North Sea near Holland. **2.** Who owns it or its cargo. **3.** It contains the waste products of lead, arsenic, and heavy metals. **4.** The Dutch, as it is 50 miles from their coast, and if it leaked it could endanger sea life in the area. **5.** Four incinerators, disposing of 400 tons of refuse every day have been destroyed by fire. **6.** To burn the refuse in France for several weeks until the incinerators are back in use. **7.** The opening of a nuclear power station at Cattenam, a few kilometres from the border between the two countries.

Reading Comprehension 2: 1. They are graceful and noble like ancient ruins. **2.** They have an elegant shape, beautiful bark with red patches on it, cones with attractive scales and kernels that are fun to crunch. **3.** We don't distinguish between them and we don't fight for their survival or propagation. **4.** They are like vertical matchsticks. **5.** He had elms planted on both sides of some roads. **6.** They should ask for trees to be planted on parking areas so that there would be real regional arboretums near motorways. **7.** It could make them familiar with many trees such as aspens, hornbeams and elders. **8.** They were patrons of sea races for sailing boats and its effect would be less lasting as the sea would leave no trace of them. **9.** Birds and their song would disappear and people would not be aware of the changing seasons. **10.** It is quicker. **11.** Nursery gardeners can supply trees of all sizes. **12.** They could fight for concrete projects instead of just protesting. **13.** By multiplying useful species man ennobles himself and all those who follow him.

Reading Comprehension 3: 1. Of planning to restore French cathedrals as a political move, in order to make them the symbols of right-wing culture. **2.** Twenty French cathedrals are seriously threatened, including Amiens and Chartres, which appear on UNESCO's list of world treasures. **3.** To restore the organs and furnishings. **4.** The external decoration. **5.** Strasbourg needs stabilising as it is sinking and its war damage needs repairing. Reims needs its cracks, war damage and statuary repaired. Beauvais needs to be made resistant to wind. Amiens needs its façades cleaned. Chartres needs its stained glass windows repaired. **6.** On the whole of the nation's heritage.

Listening exercise 1: 1. Domestic pollution from houses and towns; agricultural and industrial pollution. **2.** The pollution is placed directly into the sea or arrives with rivers. **3.** Direct mechanical destruction. **4.** Currents meet there and deep water rises up. **5.** Regions near the coast from 0 to 50 metres deep. **6.** Destroying them by digging and fishing there. **7.** The construction of yachting marinas.

Listening exercise 2: 1. By suggesting intelligent, carefully worked-out solutions so that resources can be used without endangering the environment. **2.** To all in authority: industrialists, politicians and the public. **3.** When a living species is in danger of extinction.

UNIT 11:

Reading Comprehension 1: 1. 25% of 15–20 year-olds and 2% of those under 15 take drugs. **2.** Find out which (fourth year) pupils take drugs by means of urine tests. **3.** She is the Secretary of State for Education and she announced that teachers and heads of organisations will be specially trained to help young people to fight drug-taking. **4.** Specialist organisations and families. **5.** They do wish to be informed about possible drug-takers but they do not wish to take the place of doctors, as this could have dangerous results.

Reading Comprehension 2: 1. It is sleeping aloud. **2.** It sometimes makes them laugh but more often wearies and irritates them. **3.** It is an alarm signal indicating a night-time breathing problem. **4. (a)** That snoring accompanies happy, peaceful and refreshing sleep and **(b)** that it is a torture inflicted more or less selfishly on those around. **5.** When the air breathed by the sleeper meets an anatomical obstacle. **6.** The sufferer falls asleep and feels dizzy. **7.** It is troubled and dream-filled and yet it is the most refreshing. **8.** To get his breath back. **9.** Snoring stops at once; there is a slight burning at the back of the nose, which is like a sore throat and lasts about a week. **10. (a)** Potato poultices, **(b)** night caps, **(c)** spoonfuls of honey.

Reading Comprehension 3: 1. Very simple and accessible to all. **2.** Joy heals, but sadness withers the body. **3.** It strengthens the lungs and body. **4.** Laughter helps **(a)** recovery after operations, **(b)** the depressed, **(c)** scars to form over wounds. **5.** With laughter and Vitamin C. **6.** It gave direction to future research. **7.** It exercises the muscles of the face and limbs by way of the diaphragm and the stomach muscles. **8.** It increases three- or four-fold respiratory exchanges, with a considerable amount of breathing in and oxygenation. **9.** It cleanses/raises the spirits, improves the body's resistance to attack, stimulates the intellectual faculties, and creates a general sense of well-being. **10.** Coronary thrombosis. **11.** A good relationship between doctor and patient, and 'placebo' medicines (which make the patient feel better simply because they feel something is being done to treat their illness). **12.** By massaging the liver and the bile ducts. **13.** By taking the patient's mind off it and by reducing muscular tension.

Listening exercise 1: 1. AIDS is contagious and the number of sufferers is increasing. **2.** It is a historical event of considerable importance. **3.** They are not concerned because of the way in which the virus is transmitted: depending on sexual behaviour and age. **4.** They are afraid. **5.** Anxious. **6.** A negative test.

Listening exercise 2: 1. Whether a man's life is worth more than a dog's life. **2.** Experiments with animals do not teach us as much as those with human beings. **3.** If they are prepared to treat animals violently they may treat human beings the same way.

Listening exercise 3: 1. The parents' permission must be asked. **2.** If the dead person stated orally or in writing during his lifetime that he did not wish it. **3.** Most people do not think of doing it. **4.** The system works well: hundreds and thousands of people have had kidney transplants. 80% of heart transplants are successful and many people with heart disease would die without them. **5.** The death was often unexpected as it was caused by an accident. **6.** They are not consoled but they understand.

Listening exercise 5: 1. Former drug addicts (who are now rehabilitated). **2.** Dispense information. **3.** There are no drugs in the country; they are a long way away from places where drugs are obtainable. **4.** People can come there to see them or to stay, so they can be helped out of their addiction; they also act as information centres. **5.** They are available 24 hours a day, for both visits and telephone calls.

UNIT 12:

Reading Comprehension 1: 1. He chooses when to start his campaign (when to announce that he is going to stand again). **2.** The President is in charge of defence policy, and the Prime Minister has to go along with that policy. **3.** He had widespread support on the left, the right was split, and the extreme right (the protest vote) showed no sign of weakening. **4.** The Brussels summit meetings have shown him in a good light, he is supported by the hard core of the right, and Barre's supporters are less well organised. **5.** His support appears to be based on promises of good things to come, but the electorate might take this to be mere electioneering. **6.** A sizeable proportion of each band of supporters is willing to listen to the arguments of the other candidates. **7.** The personality of the candidates and their attitude to supreme power.

Reading Comprehension 2: 1. For being calm, courageous and determined, and because their attitude is the only one which will allow them to come through

this testing time together. **2.** Those who were killed, those who were affected physically, and those who have been affected emotionally. **3.** To do everything possible to protect the people, to refuse to give in to blackmail, and to punish the murderers and their backers without mercy. **4.** Because of a new law that has just been passed. **5.** That his government and the President are in agreement, and that they will act in accordance with the fundamental rules of democracy.

Reading Comprehension 3: 1. Cohabitation; political parties' finance; defence. **2.** Matignon = the Prime Minister; l'Elysée = the President. **3.** Cohabitation: he does not like it, but hopes that the fact that it exists will not make people assume there is always conflict. Political parties' finance: he thinks there should be a referendum. Defence: he is opposed to zero-zero option, and thinks there should be a European defence policy led by France, and France should develop the neutron bomb. **4.** They have different values, and want to impose them on others, and they have considerable military strength.

Listening exercise 1: 1. As European nations no longer rule the world it is in their interests to unite. **2.** The USA and the USSR, and in the future China, Brazil or India.

Listening exercise 2: 1. The USA is a federal state. **2.** That it is a federation of autonomous states. **3.** Different languages, cultures and self-government. **4.** Defence and foreign policy.

Listening exercise 3: 1. A poor one. **2.** Her feeling of revolt against inequalities. **3.** He, being a boy, was allowed to go out, but she, being a girl, was not. **4.** That everyone ought to be able to do what they like. **5.** She studied and passed her baccalauréat at the age of 26. **6.** To the Socialist party and the women's movement. **7.** To express themselves and survive. **8.** A feminist who is a minister in a Socialist government.

Listening exercise 4: 1. They have a common basis but are different. **2.** The International Communist movement led by the USSR. **3.** After the last world war. **4.** The history of their countries: their particular economic and social situations. **5.** He never opens his umbrella in Paris when it is raining in Moscow, Peking or Havana. **6.** Peace and disarmament. **7.** The French Communists do not want any kind of international communism as they prefer to remain independent and keep their own identity.

Acknowledgements

We are grateful to the following for permission to reproduce photographs:
Allsport/Tony Duffy, page 33; Jean-François Bach, page 166; Compagnie
Française de Documentation, page 128; Alain Decaux, page 73; Viviane
Gransart, page 139; Institut National de la Santé et de la Recherche Medicale,
page 165; Christine Ockrent, page 95; Yvette Roudy, page 181; Simone Veil,
page 22 & cover.
All other photographs supplied by the authors.

Cover: Portrait of Simone Veil.

We are grateful to the following for permission to reproduce copyright
material:
page 11, *France Soir* 24/9/86; page 12, *VSD* No. 448; page 13, *La Dépêche du
Midi*; page 15, *Le Nouvel Observateur* 21–27/8/87; page 19, *L'Express*
15/5/87; page 25, *Lyon Matin* 26/11/86; page 27, *Le Nouvel Observateur*
21–27/8/87; page 29, *Lyon Matin* 26/11/86; page 30, Extrait de *Paris Match*
24/8/84; page 31, *L'Equipe* 5/3/86; page 39, *Lyon Matin* 26/11/86; page 41,
France Soir 17/3/86; page 42, *Le Monde* 8/4/87; page 43, © *Le Figaro* 8/86;
page 51, © *Le Figaro*; page 52 *above*, *Le Monde* 31/12/86; page 52 *below*,
© *Le Figaro*; page 55, *VSD* No. 473; page 57, *Le Monde* 4/12/86; page 59,
Télé-7-Jours; page 64, © *Le Figaro* 4/9/39; page 65, © *Le Figaro* 8/5/45;
page 66, *Midi Libre* 20/7/86; page 67, *Le Dauphiné Libéré* 1/4/86; page 71,
Ouest-France 22–23/8/87; page 77, *L'Evénement du Jeudi* 14–20/1/88;
page 78, *L'Evénement du Jeudi* 7–13/1/88; page 79, *Libération* 11/1/88;
page 83, © *Le Figaro* 16/10/86; pages 84–85; © *Le Figaro* 13/2/87; page 87,
Télé-7-Jours; page 88, *France Soir*; page 90, *VSD* No. 472; page 91, © *Le
Figaro* 19/11/86; page 99, *Ouest-France* 26/8/87; page 101, © *Le Figaro*
14/10/87; page 103, *Ouest-France* 28/8/87; page 104, *Le Point* No. 658 29/4/85;
pages 111–112, © *Le Figaro* 8/1/86; page 115, © *Le Figaro* 8/1/86; page 116,
VSD No. 473; page 118, © *Le Figaro* 24/3/87; page 119, © *Le Figaro* 13/8/86;
page 120, *Jours de France* 1/87; page 123, © *Le Figaro*; page 125, © *Le Figaro*
22/9/87; page 126, © *Le Figaro* 24/3/87; page 132, *Lycée Montaigne*; page 133,
Le Monde 10/12/86; page 135, *L'Express* 4/3/88; page 143, *Le Monde*; page 145,
© *Le Figaro* 26/9/86; page 147, *Le Point* No. 778 17/8/87; page 149, *L'Express*
28/8–3/9/87; page 157 © *Le Figaro* 16/10/86; page 159, *VSD* No. 471; page 161,
Elle/G. Andreani; pages 171–172, *Le Monde* 3/3/88; page 173, *France Soir*
19/9/86; pages 174–175, © *Le Figaro* 9/11/87; page 178, Extrait de *Paris Match*
4/3/88.